혼자 살면서 99세

한번 맛보면 빠져나올 수 없는
생활 방식

산조 미와 지음
오시연 옮김

혼자
살면서
99세

지상사 Jisangsa

★ 들어가며 ★

제멋대로 살아온 인생이었고
지금도 그렇게 살고 있다

정신을 차려보니 99세이다. '내가 이 나이까지 살아 있을 줄이야…' 내가 생각해도 정말 놀랍다. 몸은 아흔아홉이지만 마음은 서른이다. 그게 무슨 말이냐고 하겠지만 **여러분도 내 나이가 되어보면 그 의미를 알게 될 것이다.**

나는 98세까지 이비인후과 병원장으로서 주5일 환자를 보았고 지금은 매일 예전 환자들의 전화 상담을 받고 있다.

평생 독신으로 살아왔는데, 내가 20대일 때는 결혼하

지 않는 경우가 드물었으므로 "왜 결혼하지 않아요?"라는 질문을 몇 번이나 받았는지 모른다.

하지만 자신 있게 말할 수 있다. 몇 살이 되든(99세라도) 혼자 사는 삶은 즐겁다고 말이다.

혼자 사는 삶에는 중독성이 있다. 한번 맛을 보면 그만둘 수 없다.

"자고 싶을 때 자고 일어나고 싶을 때 일어나서 밥을 먹고 자기 자신만 생각하면 되니까 얼마나 편하겠어요. 부러워요."

사람들이 이렇게 말하면 나는 "그럼요. 그 말이 맞아요"라고 답할 것이다. 누구에게도 속박당하지 않고 자유롭게 생활할 수 있다.

나는 내 의지로 이런 인생을 선택했으며, 그에 대해 전혀 후회하지 않는다.

지금 일본에서는 '혼활(婚活, 결혼 활동을 줄인 말)'이라는 용어가 퍼지고 있다고 하는데, 혼활을 하는 이유 중 하나가 '고독한 노후를 보내고 싶지 않아서'라고 한다. 하지만 이것은 오해다.

　나처럼 100년 가까이 혼자 살다 보면, 혼자 살기의 달인이 되기 때문에 고독을 느끼지 않는다. '아닌데요, 나는 고독하거든요'라고 하는 사람은 '싱글 라이프를 즐기는 법'을 모르기 때문일 뿐이다.

　지금과 같은 결혼 제도가 시작된 것은 메이지 민법이 성립한 1898년이다. 고작 125년이라는 생각보다 짧은 역사다. 그런데도 '결혼을 해야 어엿한 성인'이라는 풍조는 좀 이상하지 않은가, 하고 예전부터 생각해왔다.

　심심치 않게 나오는 연예인들의 불륜 기사를 보고 있으면 '결혼이라는 제도가 과연 인간의 본능에 맞는가?!'라는 생각이 든다. 나로서는 수십 년간 한 사람을 좋아하면서 살 자신이 없다. 결혼했다 해도 얼마 안 가 이혼하지 않았을까?

　여담이지만 지금도 좋아하는 사람이 있으며, 때때로 전화로 이야기를 나눈다. 가끔은 둘이서 만나기도 한다. 그럴 때 '살아 있기를 잘했다'고 느낀다. 가끔 만나기 때문에 계속 설렐 수 있는 것인지도 모른다.

나는 어리광부리기를 좋아하고 지금도 질투를 한다. '매일이 청춘'이다. 마음은 20대인 것이다.

"그 나이에 혼자 살다가 병에 걸리거나 더 늙어서 거동이 불편해지면 어쩌려고 그래요?"

어떤 이는 이렇게 묻지만 앞날을 미리 걱정한다고 문제가 해결되는 것은 아니다.

무책임하다고 생각할 수도 있겠지만 그렇게 되지 않도록 내가 할 수 있는 것은 매일 실천하고 있다. 남편이 있다 한들 남성은 여성보다 평균수명이 짧으므로 의지할 수 없다. 자식이 있다 한들 그들은 그들의 삶이 있다.

오해하지 않도록 여기서 중요한 점을 말해두겠다.

나는 단 한 번도 '오래 살고 싶다'고 생각한 적이 없다. '건강의 지키기 위해' 건강보조식품을 복용한 적도 없다.

식사도 '먹고 싶은 음식을 먹는 것'이 나의 소신이며 건강을 위해 억지로 몸에 좋은 음식을 먹은 적이 없다. 하지만 기왕 먹을 거니까 맛있게 먹자고 생각해 방법을 궁리하긴 했다.

그것이 결과적으로 장수로 이어졌을 수도 있겠다. 이 부분은 이 책에서 자세히 다루어보겠다.

종종 나보다 젊은 친구들에게 '마녀 같다'는 말을 듣는다. "아니, 왜 내가 마녀 같아?"라고 물으면 "그 연세에 의사로 현역에서 일하고 그 밖에도 좋아하는 것들에 몰두하면서 항상 즐거워 보여요. 우리와 같은 인간이라는 생각이 안 들어요"라는 대답이 돌아온다.

처음에는 내가 마녀를 닮았나 잠시 긴장했지만, 외모를 빗대는 말은 아닌 거 같다. 다행이라고 생각하며 가슴을 쓸어내렸다.

하지만 마녀로 불리는 것도 싫지는 않다. 오히려 마음에 든다. 마법을 써서 원하는 것들을 이룰 수 있다면 얼마나 멋질까?

이런 나이에도 원고를 쓰고 있을 때 큰일이 벌어졌다. 40년 가까이 환자를 진료해온 병원 문을 닫게 된 것이다.

두 가지 이유가 있다. 하나는 신종코로나바이러스 감

염병이 폭발적으로 유행하여 환자 수가 급감한 것이다. 또 하나는 지금까지 수기로 처리하던 진료보수명세서를 컴퓨터로 작성해야 하게 된 것이다.

'기계치'인 나는 컴퓨터를 전혀 다루지 못한다. 새로 직원을 고용하거나 설비 투자를 할 금전적 여유도 없다. 적자를 내면서까지 병원을 유지할 수는 없었다.

지금은 예전 환자들을 상대로 전화 상담을 해주고 있다. 의료행위는 할 수 없지만 "병원의 무슨 과에 가는 게 좋을까요?" "감기에 걸렸는지 목이 아파요. 어떻게 하면 될까요?"라는 상담에 응할 수는 있다. 그중에는 "어떻게 하면 오래 살 수 있을까요?"와 같은 질문도 간간이 섞여 들어온다.

병원은 없어졌지만 의사 면허가 없어진 것은 아니다. 앞으로도 계속해서 옛 환자들의 상담에 적극적으로 응할 생각이다.

내가 생각해도 제멋대로 살아온 인생이었고 지금도 그렇게 살고 있다. 자유분방하게 살다 보면 실패도 많이 한다. 하지만 인간은 실패에서만 배울 수 있다. 실패한 경험이 누구보다 많은 나는 남보다 두 배는 더 많이 배웠을 수도 있다. 내가 이 책을 쓰게 된 이유다. 사람들에게 분명히 도움이 될 수 있는 내용, 반드시 이야기하고 싶은 내용만 추려서 이 책에 담았다. 내가 배운 것들을 '마녀의 조언'으로써 소개했다.

여러분이 이 책에서 인생을 밝고 강하게 살 수 있는 힌트를 얻을 수 있다면 그보다 기쁜 일은 없을 것이다.

산조이비인후과 클리닉 전(前) 원장 **산조 미와**

차례

CONTENTS

★ **들어가며** 제멋대로 살아온 인생이었고

지금도 그렇게 살고 있다 · · · · · · · · · · · · · · · · · · **007**

PART 1 불운이 행운이 되는 발상의 전환

★ 병약했던 사람일수록 오래 사는 현실 · · · · · · · · · · **020**

★ 뒤로 넘어져 10일간 입원 생활 · · · · · · · · · · · · · · · **025**

★ 역 정류장에서 넘어져 코피가 펑펑 · · · · · · · · · · · **029**

★ 미국 정부 관계자의 차에 치이다 · · · · · · · · · · · · · **033**

★ 나이를 먹어도 뼈가 튼튼한 이유 · · · · · · · · · · · · · **037**

PART 2 마음대로 사는 '맛있는 생활'

★ 국내산 자투리 쇠고기가 삶의 활력 · · · · · · · · · · · **042**

★ 닭고기나 돼지고기가 더 잘 어울리는 요리도 있다 · · · **047**

★ 냉장고에 가득한 채소, 생으로 먹고 데쳐서 먹고 ····· 050

★ 생선은 가시가 걸릴까 봐 먹지 못한다 ············· 056

★ 따끈따끈한 밥에 버터를 얹으면 맛있는 한끼 ········· 059

★ 껍질을 벗기는 과일은 귀찮아서 먹지 않는다 ········· 062

★ 꽤 쓸만한 마트 할인 코너 ···················· 065

★ 밤에 잘 때는 입에 눈깔사탕을 ················· 068

★ 규칙적인 생활은 한 적이 없다 ················· 071

★ 담배와 술은 적당히 즐긴다 ··················· 075

PART 3 몸의 이상은 그만두라는 신호

★ 시대에 맞서지 않고 스트레스를 흘려보낸다 ········· 080

★ 엄지발가락에 내성 발톱이 생겨 괴로워한 날 ········· 083

★ 98세이지만 혈액 검사를 하면 '이상 없음' ········· 086

★ 변비와 다리에 나는 쥐는 한약으로 고친다 ········· 089

★ 급하게 먹으면 복통이 일어난다 ················· 091

★ 건강보조식품은 절대 먹지 않는다 ··············· 094

★ 피부 보습을 소홀히 하면 후회한다 ··············· 098

★ 아무도 만나지 않는 날에도 화장을 한다 ··········· 101

★ 욕조는 노인의 사형집행대 ···················· 103

PART 4   99세에도 인생은 꽃길

★ 결혼하지 않아도 행복할 수 있다 ·················· 108

★ 좋아하는 사람이 없으면 사는 의미가 없다 ········· 113

★ 나이가 많아도 당당하게 살아간다 ················ 118

★ 밥솥을 한 번도 씻지 않아도 죽지 않는다 ········· 121

★ 물건 찾기에 지쳐 '벽에 고정'하는 방법을
  생각해 내다 ······································· 124

★ 죽은 뒤에 할 일을 정하니 살 기운이 넘친다 ······· 127

★ 외로워서 죽을 것 같다던 친구가
  다른 사람이 된 이유 ······························· 130

★ 100세에 이루고 싶은 꿈이 눈앞에 다가왔다 ········· 133

PART 5   스트레스는 씩씩하게 피한다

★ 속마음을 감추고 그 자리를 넘긴다 ················ 138

★ "야, 이 나쁜 놈아!"하고 외치며 스트레스를 발산한다 ··· 142

★ 말과 고양이로 힐링한다 ·························· 145

★ 안 좋은 일이 있는 날은 사극을 보며 시름을 잊는다 ·· 149

★ 좋아하는 책과 만화로 기분 전환한다 ·············· 152

★ 혼자 떠나는 작은 여행이 좋다 ···················· 155

PART 6 그저 좋아하는 일을 하고 있을 뿐

★ 의사와 연극이라는 두 마리 토끼를 잡으려 한 이유 ·· 162
★ 병원 진료에도 연기가 도움이 된다 ················· 167
★ 여의사를 싫어하는 환자도 있다 ················· 170
★ 때로는 시어머니의 비위도 맞춰준다 ············· 173
★ 인생은 예상치 못한 사건의 연속 ··············· 176
★ 화재경보기에 도움받는 날들 ················· 179
★ 연극을 위해서라면 다이어트도 불사한다 ········· 182

PART 7 전쟁만은 저세상에서도 반대한다

★ 절대 잊을 수 없는 전쟁의 추억 ················· 188
★ 전쟁 중에 목격한 끔찍한 현실 ················· 192
★ 전쟁 중에는 매일 '폭탄이 떨어지지 않기를' 기도했다 ·· 196
★ 연극으로 원자폭탄의 참혹함을 표현하다 ········· 199
★ 전쟁은 인간을 미치게 한다 ················· 204

PART 1

불운이 행운이 되는
발상의 전환

병약했던 사람일수록 오래 사는 현실

나는 꽤 오래 살고 있지만, 건강에 신경 쓰며 살진 않았다. '중이 제 머리 못 깎는다'는 말이 있듯이 정기적인 건강검진을 받은 적도 없고 좋아하는 음식을 먹고 좋아하는 일을 하면서 살아왔다. 그야말로 '어떤 이유에서인지 죽지 않는' 상황이다.

99살이라고 하면 필연적으로 죽음이 눈앞에 와 있다고 생각하겠지만 개인적으로는 전혀 죽을 것 같지 않다. 주위의 친구나 지인들이 저승의 명부에 이름을 올려도 나는 아직 끄떡없다는 묘한 자신감이 있다.

　아흔을 넘긴 나를 보고 어릴 적부터 건강했을 것이라
고들 생각하지만 사실 나는 병약했다. 초등학교 2학년이
었던가, 그때는 폐문(肺門) 림프선염(Lymph腺炎)이라는
병에 걸렸다.
　폐에 있는 림프샘에 염증이 생기는 것으로 아이들이
잘 걸리는 병이었다. 증상은 식욕부진, 발열 등인데 증상
이 없는 아이도 있다고 한다.
　부모님은 '소아결핵이라도 걸리면 큰일'이라며 나를
1년 동안 학교에 보내지 않았다. 당시 폐문 림프선염은
결핵의 원인으로 여겨졌으므로 걱정이 이만저만이 아니
었던 모양이었다.

　그 후 열여덟 살에는 숨을 쉴 수 없게 되어 죽을뻔한
적이 있었다. 당시 젊은 여성들 사이에는 '쇼난병[昭南病
(소남병, 희귀병의 일종)]'이라는 병이 유행하고 있었다.
　'쇼난'은 전쟁 중에 일본이 점령했던 싱가포르를 가리

키는 말이다. 당시 일본군이 남쪽을 침략하고 있었기 때문에 싱가포르 쪽에서 감염병이 유입되었을 것이라고 추정되었다. 나는 그 병에 걸린 것이다.

의식은 또렷한데 숨을 쉴 수가 없어서 견딜 수 없이 괴로웠다. 입술도 보라색이 되었다고 한다. 아무리 숨을 들이마시려 해도 산소가 들어오지 않았다. 나는 거의 죽어가고 있었다.

그때 곁을 지키던 소아과 의사 어머니가 순간적으로 캠퍼제(소생시키는 약재)를 가슴에 직접 주사해서 숨을 돌려놓았다고 한다. 팔에 주사를 놓으면 늦다고 생각했을 것이다.

어머니는 필사적으로 내 이름을 부르면서 캠퍼제를 주사했다고 하는데 당황해서인지 캠퍼제를 용기에서 빨아올릴 때 너무 힘을 주어 여러 개의 주사기를 망가뜨렸다고 한다. "너를 살리려고 캠퍼제를 전부 투여했단다"라고 훗날 이야기했다.

지금 젊은 사람들은 캠퍼제가 무엇인지 모르겠지만

강심제(強心劑)의 일종이다. 옛날에는 심장 마사지라는 소생법이 알려지지 않았고 구급차도 아직 보급되지 않은 시절이었다.

아마 병원에도 가지 못하고 '쇼난병'으로 죽은 젊은 여성이 상당히 많았을 것이다.

이 병은 일과성(一過性)이라고 할까, 단번에 유행했다가 수습되었으므로 정확히 어떤 병인지 지금에 와서는 알 수 없다.

나는 어머니가 의사였던 덕분에 목숨을 건졌지만, 걱정스러운 눈길로 내 얼굴을 들여다보는 부모님에게 '안녕'이라고 중얼거린 것을 기억한다.

부모님은 내가 정말로 죽는 게 아닌가 하고 가슴이 철렁 내려앉은 것 같은데, 내 머릿속은 무척 냉철한 상태였고 '이게 마지막일지도 모르니 작별 인사를 해두자'라고 생각했다.

숨쉬기도 힘든 와중에 용케 그런 말을 할 수 있었구나 하고 자신이 감탄스럽다. 그때의 나는 비련의 여주인공이라도 된 기분이 아니었을까?

그때 죽었더라면 불과 열여덟이라는 짧은 생이었다. 하지만 99세까지 살아 있으니 인생은 알 수 없다.

여러분 중에서도 큰 병을 앓아서 '나는 오래 살 수 없을 거야'라고 생각하는 분도 있겠지만 걱정할 필요 없다. 내가 생각하기에는 병약했던 사람일수록 오래 사는 것 같으니 아무쪼록 안심하자.

 '나는 오래 살지 못할 거 같아'가 입버릇인 사람일수록 오래 산다

뒤로 넘어져 10일간 입원 생활

나는 자주 다친다. 꽤나 덜렁거리기 때문이다.

몇 년 전, 시내의 백화점에서 쇼핑하고 양손 가득 짐을 들고 있는데, 어쩌다가 미끄러졌는지 뒤로 확 넘어지고 말았다.

아스팔트 도로에 머리를 세게 부딪쳤고 눈에 불꽃이 튀었다.

순간 무슨 일이 일어났는지 전혀 몰랐는데, 정신을 차려보니 길 위에 쓰러져 있었다. 지나가던 사람이 "괜찮으세요?"라고 물었지만, 무척이나 아픈 고통 때문에 목소리가 나오지 않았다.

겨우 일어나서 머리에 손을 대보니 엄청나게 큰 혹이 만져졌다. 하지만 출혈도 없고 몸도 멀쩡했다. 머리만 욱신거렸다. 어지럽지도 않아서 괜찮을 거로 생각하며 집으로 돌아왔다.

그런데 며칠이 지나자 손이 저리기 시작했다. 아무래도 이상하다는 생각이 들어 아는 신경외과 병원을 찾아갔다.

하지만 CT를 찍어도 아무 이상이 보이지 않았다. 의사 선생님도 괜찮다고 했지만 나도 의사다. 마음에 걸리는 증상을 지나칠 수는 없었다.

"저도 의사여서 잘 알아요. CT가 아니라 MRI를 찍어주세요"라고 재촉했다. 담당 의사는 곤란한 표정을 지었지만, 환자인 내가 의사이니 어쩔 수 없다고 생각했을 것이다. 내키지 않았지만 할 수 없이 MRI를 찍어주었다.

그랬더니 아니나 다를까 이상이 발견되었다. 머리에

피가 뭉쳐져 있는 것이다. 경막하혈종(硬膜下血腫)이라는 병이었다.

경막하혈종은 머리를 부딪치고 시간이 한참 지난 뒤 두개골과 뇌 사이에 혈액이 고이는 질환이다. 손발 마비과 두통 등의 증상이 나타나지만, 머리를 부딪친 직후에는 검사해도 모르는 경우가 많고 3개월 정도 지나서 이상이 발견될 수도 있다.

이때는 국소마취 후 머리에 구멍을 내고 가는 관을 삽입해 혈종을 제거했다. "저는 아픔을 잘 못 참아요. 아프지 않게 수술해주세요"라고 부탁했더니 정말로 아프지 않게 치료해주었다. 밑져야 본전이라는데 부탁하기를 잘했다.

다만 관을 빼낼 때는 아팠던 기억이 있다.

그 열흘 동안 내가 운영하는 이비인후과를 휴진했지만 진짜 이유는 비밀로 했다. 미끄러져 머리를 찧었다는 것이 부끄러웠다.

"열흘이나 쉬고 어디 다녀오셨어요?"라는 환자들의 질
문에는 후후후 웃음으로 얼버무렸다.

　지금도 머리를 만지면 구멍의 흔적을 확인할 수 있다.
'명예로운 부상'이 아닌 '덜렁거림의 부상'이라고나 할까.

말하기 곤란하면 적당히 얼버무린다

역 정류장에서 넘어져 코피가 펑펑

저녁 8시쯤이었던 것 같다. 지인과의 약속에 늦을 것 같아 급하게 역 정류장을 달리고 있었다. 뭔가에 걸려 쿵 하고 앞으로 고꾸라졌다.

그때 두 팔을 앞으로 뻗는 것을 잊어버렸는지 얼굴을 그대로 땅에 부딪쳤다. 별로 높지도 않은 코가 부딪치는 순간 코피가 펑펑 쏟아졌다.

이비인후과 의사인 나는 순간적으로 '코뼈가 부러졌구

나'라고 생각했다.

나 자신은 놀라울 정도로 침착했지만, 주변 사람들이 코피에 깜짝 놀랐다.

역무원이 달려오고 즉시 구급차를 불렀다.

구급차가 바로 도착했지만, 어느 병원에도 빈자리가 없어 한 시간 정도 도내(道內)를 빙글빙글 돌아야 했다.

드디어 나를 받아 주는 병원을 찾았는데, 그곳은 야간 응급 외래였다.

경험이 풍부한 외과 의사 선생님은 생명이 위독한 또 다른 환자를 치료하고 있었기 때문에, 이제 막 의사가 된 젊은 남자 수련의(修鍊醫)가 나를 맡았다.

내가 '코뼈가 부러진 것 같으니 CT를 찍어달라'고 했지만 '아니요, 뼈가 부러진 게 아닙니다'라며 들어주지 않았다. 그때부터 입씨름이 벌어졌다.

나는 뼈가 부러진 게 확실하니까 CT를 찍어야 한다고 거듭 말했다.

마지막에는 내 고집이 이겼다. "제가 이비인후과 의사

라니까요"라고 비장의 무기를 휘둘렀더니 깨끗이 물러선
것이다.

CT 촬영을 하자 부러진 뼈가 선명하게 보였다. "그것
보세요"라고 말했더니 젊은 의사는 좀 억울한 듯한 얼굴
을 했다.

하지만 부러진 코는 치료받지 못하고 나는 곧바로 내
병원으로 갔다.

진찰실에서 거울을 보며 소독액을 묻힌 면봉으로 콧
속을 닦고 '에잇'하고 부러진 뼈를 원래대로 돌려놓았다.

그날 그렇게 처치하는 바람에 지금도 코가 약간 휘어
져 있는 느낌을 받는다.

야간 응급 외래는 수련의인 젊은 의사들이 담당하는
일이 많아서 적절한 처치나 치료를 하지 못할 수도 있다.
나는 의사였기 때문에 뼈가 부러졌다고 강하게 주장할
수 있었지만, 일반 환자였다면 큰일 났을 것이다.

뭔가 이상하다고 느끼면 의사에게 강하게 이야기하는

편이 좋다. 우리의 직감은 의외로 정확하기 때문이다.

 인생에서는 몇 번인가 '그것 보세요'라는 일
이 일어난다

미국 정부 관계자의 차에 치이다

2001년 9월 11일, 미국의 911테러 사건이 일어나기 몇 년 전이었던가? 내가 일흔이 될까 말까 할 때였다. 가마타 거리를 걷고 있는데, 뒤에서 자동차가 나를 들이받았다.

차가 속도를 내지 않고 있어서 '퉁'하고 뒤로 넘어갔을 뿐이었지만, 이때도 얼굴부터 아스팔트 도로에 쓰러지고 코피가 쏟아졌다. 차가 속도를 냈다면 그 정도로 끝나진 않았을 것이다.

경찰이 달려왔는데 그 차에 타고 있던 사람은 미국 국

토안보부 소속이었다. 일본계 미국인인 그는 유창한 일본어를 구사했다. 나에게도 신사적인 태도로 "정말 죄송합니다. 몸은 괜찮으신가요?"라며 자연스러운 일본어로 물었다.

코피가 나고 칠칠치 못한 모습이었을 텐데 그 와중에도 '어쩌면 저렇게 잘 생겼을까!'라고 생각해 **이 기회에 눈호강이나 실컷 하자는 마음에 그를 뚫어지게 쳐다본** 기억이 난다.

지나가던 사람들이 '뭐야, 뭐야, 뭐야'하는 식으로 모여들었는데, 그중 젊은 여자들은 그의 훤칠한 외모를 보기 위해 다가간 게 아닐까? 그렇게 생각할 정도로 미남이었다.

이때 왜 가마타에 있었냐면 어릴 때부터 꿈꿔왔던 '연극배우'를 하고 있었기 때문이다. 어머니와 같은 의사라는 직업을 선택했지만, 또 하나의 꿈을 포기할 수 없었고, 도쿄여자의대에 입학한 이후로 항상 연극배우가 되고 싶었다.

도쿄여자의대를 졸업한 뒤, 무급 수련의로 일하면서

연극배우에의 길을 모색했다. 고생 끝에 낙이 온다는 속담이 있듯이 간절히 소망했더니 연극과 인연이 있는 대선배 의사 밑에서 일하게 되었다.

덕분에 의업을 하면서 연극배우로서 무대에 설 수도 있게 된 것이다.

지금은 신주쿠구 오쿠보에 자신의 극단을 갖고 있지만, 당시에는 가마타에 있었다. 의사와 연극이라는 두 마리 토끼를 쫓으며 보람차고 충실한 나날을 보내고 있었다. 그런 무렵에 미국 국토안보부 직원의 차에 치인 것이다.

자동차 사고로 충격을 받은 나는 어떻게 해야 할지 몰라 극단 후배에게 전화를 걸었다.

나는 후배를 보고 마음이 놓였지만, 후배는 그렇지 않았다. **나는 안중에 없고 차를 부딪쳐 온 잘생긴 일본계 미국인에게 시선이 고정되어 있었다.**

물론 미국 국가안보부에서 일하는 사람을 만나는 것은 그렇게 흔한 일이 아니다. 후배는 나를 걱정하기보다는 일본어를 유창하게 하는 일본계 미국인에게 국토안보부에 관해 이것저것 묻느라 바빴다.

그 모습을 보면서 '아니, 저럴 거면 뭐하러 온 거지'라고 내심 어이가 없었지만 사실 코피가 났을 뿐이지 몸에는 아무 이상이 없었다.

일본계 미국인의 명예를 위해 덧붙이자면 나는 인도가 아닌 차도를 걷고 있었다. 경찰도 "여기는 인도가 아닙니다"라고 쓴소리를 했다.

그래도 교통사고는 운전자 책임이 크기 때문에 내가 피해자임에는 변함이 없었다.

크게 다치지 않은 나는 '이럴 줄 알았으면 잘생긴 일본계 미국인한테 명함이라도 한 장 받을 걸 그랬다'하고 살짝 후회했다.

 눈 호강으로 에너지를 충전하자

나이를 먹어도 뼈가 튼튼한 이유

　지난 무용담을 몇 가지 소개했지만, 사실은 그 밖에도 잘 넘어지는 편이다. 길에서 약간의 단차(段差)에 걸려 넘어지거나 모처럼 신은 하이힐이 도랑에 끼이기도 하고, 심지어 아무것도 없는 곳에서 혼자 넘어진 적도 있다.

　정신을 차려보니 파란 하늘을 바라보며 길에 누워 있었다는 식이다. 이렇게 잘 넘어지는데도 생명에는 지장이 없는 정도로만 다친 것은 정말 불행 중 다행이라고 할 수 있다.

종종 고령자가 넘어지면 뼈가 잘 부러지니까 조심하라고 하는데, 내 뼈는 무척 튼튼한 것 같다. 80세 정도에 백화점 행사매장에서 골밀도를 측정한 적이 있는데 '60세 정도네요'라는 말을 들었다. 이 정도는 자랑해도 되지 않을까?

칼슘이 풍부하게 함유된 우유는 어쩌다 한 번 마시고 칼슘 보충제를 챙겨 먹지도 않는다. 하지만 뼈는 튼튼한 모양이다.

어릴 적에 부모님이 우유를 질리도록 마시게 한 덕분에 골밀도가 높아져 '뼈 저축'이 된 게 아닐까?

나는 채소를 무척 좋아해서 **시판 도시락을 먹을 때도 채소가 듬뿍 들어간 된장국을 끓여서 곁들인다.** 된장국 재료로 넣는 소송채와 연근은 칼슘이 풍부하므로, 이런 채소를 매일 먹으면 칼슘이 부족할 일은 없을 것이다.

또 뼈를 튼튼하게 하려면 운동이 꼭 필요하다. 평소 마트를 갈 때 20분 이상 걷고, 연극 연습을 할 때는 계속 서 있거나 걸어 다니다 보니 일상생활 속에서 저절로 운동

부족이 해소되는 것 같다.

의무감으로 운동하는 것은 아주 괴로운 일이다. 좋아하는 것을 하면서 근력을 키울 수 있다면 그게 가장 좋지 않을까?

그렇지만 99세 정도 되면 넘어졌을 때 뼈가 뚝 부러질 수도 있다. 자리보전하게 되면 큰일이다.

남의 신세를 지고 싶진 않으므로 자신의 행운에 자만하지 않고 돌부리에 걸려 넘어지지 않도록 조심조심 걸어가야겠다.

채소는 변비 해결뿐만 아니라 뼈도 튼튼하게 해준다

PART 2

마음대로 사는
'맛있는 생활'

국내산 자투리 쇠고기가 삶의 활력

2021년, 99세로 돌아가신 세토우치 자쿠초(일본 천태종의 비구니이자 소설가 - 옮긴이)는 고기를 매우 좋아해서 TV 프로그램에서도 스테이크를 먹는 모습이 자주 방영되었다.

또 2017년 105세로 세상을 뜬 세이로카국제병원 이사장 히노하라 시게아키는 아침에는 올리브 오일을 넣은 채소 주스에 우유 한 잔, 점심은 과자와 우유만 먹는 소식가였지만 저녁에는 스테이크나 생선 요리 등 동물성 단백질을 섭취했다고 한다.

더불어 이 두 사람의 공통점은 고기를 아주 좋아한다는 것이다. 이렇게 말하는 나도 고기를 무척 좋아한다. 특히 쇠고기를 좋아해서 먹지 않으면 기분이 가라앉을 정도다.

젊었을 때는 육회와 같은 생고기를 좋아했지만, 지금은 식중독이 걱정돼 주로 삶거나 구워 먹는다.

사실은 스테이크도 좋아하지만, 가격이 비싸서 평소에는 자제하는 편이다. 할인 행사를 할 때 신나게 스테이크를 먹는다. 레어로 구워 먹는데 가끔 먹다 보니까 더 맛있는 것 같다.

직업이 의사이니 돈이 많을 거라고들 생각하겠지만 '돈 먹는 하마'인 극단을 운영하고 있으니 바쁘게 일하는 가난뱅이 신세다. 평소에는 저렴한 쇠고기를 산다. 그렇다고 수입산은 아니고 국내산이다. **국내산이 맛도 좋고 수입산에는 성장을 촉진하는 비육 호르몬제가 사용되기**

때문에 피한다.

비육 호르몬제는 소에 투여하면 성장이 촉진되어 붉은 고기가 증가한다고 한다. 빨리 자라면 사료를 적게 줘도 되기 때문에 키우는 쪽으로서는 안 할 이유가 없다.

일본에서는 비육 호르몬제 사용을 인정하지 않는다. 그런데 왜 호르몬제를 사용한 수입산 쇠고기가 유통되고 있는가 하면 기준치를 지키면 안전성에 문제가 없다고 판단하기 때문으로 보인다.

이를 어떻게 생각하는지는 사람마다 다르겠지만 나는 가능한 한 안전한 쇠고기를 먹고 싶어서 평소에는 국내산 쇠고기를 토막 낸 자투리 고기를 산다. 이렇게 하면 주머니 사정에 부담 없이 질 좋은 고기를 먹을 수 있다. 이틀에 한 번꼴로 먹고 있다.

토막 난 쇠고기는 굽거나 조린다. 프라이팬에 구워서 간장을 뿌려 먹는다. 조릴 때는 배추와 대파, 두부 등을 넣고 설탕과 간장을 적당히 넣어 먹는다. 스키야키 같은 느낌인데 그렇게 맛있을 수가 없다.

그러면 10분 만에 만들 수 있는 쇠고기(장수?!) 레시

피를 **다음 페이지에서** 소개하겠다. 한 번 먹으면 계속 먹게 될 거라고 보장할 수 있다.

나는 쇠고기를 먹을 때 정말 행복하다.

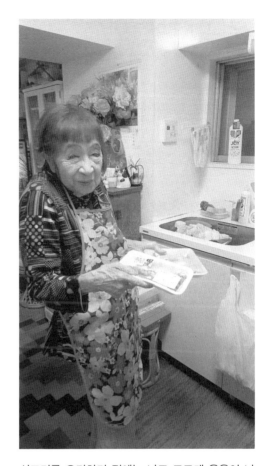

쇠고기를 요리하기 전에는 나도 모르게 웃음이 나온다

마녀의 조언
쇠고기는 저세상에 가서도 먹고 싶다

★쇠고기 구이

[재료] 얇게 슬라이스한 쇠고기 …… 적당량

① 프라이팬에 마가린을 넣고 녹인다
② 쇠고기를 프라이팬에 넣는다
③ 앞뒤로 굽는다
④ 고기가 익으면 접시에 담고 간장을 뿌려 먹는다

. . . .

★쇠고기 조림

[재료] 쇠고기를 굽고 남은 고기

① 프라이팬에 식용유를 넣는다
② 프라이팬이 달궈지면 고기를 넣는다
③ 간장과 설탕을 넣는다 (설탕은 넉넉하게, 간장은 적당량)
④ 맛이 배면 불을 끈다

. . . .

★고기 두부

[재료] 쇠고기 절단육 …… 적당량

　　　　배추 …… 적당량

　　　　두부 …… 반모

① 냄비에 적당한 크기로 자른 배추를 넣는다
② 물을 약간 붓고 끓인다
③ 배추가 부드럽게 익으면 쇠고기를 넣는다
④ 간장, 설탕을 넣는다 (설탕은 넉넉하게, 간장은 적당량)
⑤ 두부를 냄비 중앙에 넣고 끓인다
⑥ 배추, 쇠고기, 두부에 맛이 배면 완성

닭고기나 돼지고기가
더 잘 어울리는 요리도 있다

고기는 뭐든 다 좋아하는데, 쇠고기 다음으로 닭고기를 좋아한다. 비계를 잘 못 먹어서 닭고기의 깔끔한 맛을 좋아한다.

나는 닭가슴살을 즐겨 산다. 끓는 물에 넣었다가 가장자리가 하얀색이 되면 건져낸다. 안쪽은 익지 않아서 고기가 푸석푸석하지 않아 맛있게 먹을 수 있다. 닭가슴살 하나는 3조각 정도로 잘라서 겨자를 넣은 간장에 찍어 먹는 것을 좋아한다.

고기를 통해 단백질을 섭취하고 있어서 얼마 안 되긴 하지만 근육을 유지할 수 있는 게 아닐까?

그런데 익히지 않은 닭가슴살에 세균이 붙어 있어서 식중독으로 병원에 실려 가는 사람도 있다. 그렇게 될까 봐 생으로는 절대로 먹지 않는 사람도 있지만, 나는 젊었을 때부터 그렇게 먹어왔다. 하지만 한 번도 식중독에 걸린 적은 없다.

친구들도 신기하게 여기는데, 이것도 마녀의 힘일지도 모른다.

그래도 나이를 먹고 나서는 약간 신경이 쓰여서 안까지 익혀서 먹기도 한다.

닭고기로는 치킨라이스를 즐겨 만든다. 양파와 닭다리살을 잘게 다진다. 깊이가 있는 웍(Wok, 우묵한 프라이팬)에 기름을 두르고 평소보다 물을 적게 넣어서 고슬고슬하게 지은 밥을 넣고 조미료와 정종을 약간 넣는다. 그리고 다진 닭다리살과 양파를 넣고 섞은 다음 마지막으로 케첩과 소금으로 간을 한다.

이 방법은 치킨라이스 가게에서 배웠다. 여기에 달걀 물을 부어 얇게 지단을 부쳐서 위에 올리면 오므라이스가 된다. 손자가 있다면 만들어줘 보자. 아마 좋아할 것이다.

쇠고기와 닭고기에 비하면 돼지고기는 덜 먹는 편이다. 하지만 카레를 만들 때는 돼지고기를 넣기도 한다.

카레에는 양파, 당근, 감자 등 여러 가지 채소를 듬뿍 넣는다. 단품으로 한끼를 해결할 수 있어서 편리하다.

지금은 내 첫 제자였던 다워(74세)이 극단 운영을 도와주고 있는데, 그가 있을 때는 카레라이스나 치킨라이스 등을 넉넉하게 만들어서 함께 먹는다. 내가 한 음식을 먹어주는 사람이 있으면 만드는 보람이 있다.

몸을 움직이기 위해서라도 매일 손수 요리를 한다

냉장고에 가득한 채소, 생으로 먹고 데쳐서 먹고

나는 고기 못지않게 채소도 좋아한다. 항상 냉장고에는 채소가 가득하다. 조금이라도 공간이 생기면 슈퍼에 가서 채소를 채워 넣는다.

가끔 냉장고 깊숙이 오래된 채소가 숨어 있어서 변색된 오이 등이 상해 있기도 한다.

상한 채소를 발견할 때마다 세상에는 굶주림에 시달리는 아이들이 있고 일본에도 빈곤 상태인 아이들이 있는데, 이게 무슨 아까운 짓인가 후회하곤 한다.

그래도 채소가 냉장고에 얼마 없으면 불안해지고 슈퍼에 가면 필요 이상으로 사버린다. 좋지 않은 버릇이다.

채소는 샐러드를 만들어 생으로 먹는데, 그때는 철저하게 씻는다. 요즘 채소는 농약을 뿌려서 재배하기 때문에 신경이 많이 쓰인다. 예전에는 양배추나 배추에 벌레가 붙어 있기도 했는데, 지금은 한 마리도 찾아볼 수 없다. 그만큼 농약을 뿌린다는 증거다.

벌레가 붙어 있는 것도 싫지만 **농약도 몸에 해가 되기 때문에 수돗물을 틀어둔 채로 꼼꼼하게 씻는다.** 인간은 벌레처럼 농약으로 바로 죽진 않지만 '티끌 모아 태산'이기 때문이다.

잎채소는 샐러드를 만들어서 먹는데, 무나 단호박과 같은 뿌리채소는 조림으로 먹는다. 맛은 간장과 설탕으로 조절한다. 나의 단골 양념이다.

가지는 생으로, 세로로 이등분하고 그것을 더 잘게 찢어서 조미료와 간장으로 버무린다. 오이는 껍질을 약간 벗기고 가늘게 채 쳐서 간장이나 드레싱을 뿌려 먹는다.

된장에 찍어서 씹어먹기도 한다. 복잡하지 않고 단순한 양념으로 맛을 내는 편이다.

또 된장국을 끓일 때 채소를 넣어서 먹기도 한다. 냉장고에 남아 있는 채소를 넣어서 끓이는데 고구마는 항상 들어간다. 고구마를 얇게 썰어서 된장국에 넣는다.

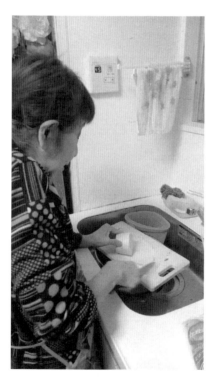

무는 귀찮아서 껍질째 사용한다. 대신 깨끗이 씻어서 얇게 썬다.

된장국에 고구마를 넣게 된 것은 '좀더 단맛을 내고 싶다'고 생각해서였다. 설탕을 넣으면 국이 맛이 없어질 것 같아 주방을 둘러보니 고구마가 눈에 들어왔다. '이걸 넣으면 약간 더 단맛이 나지 않을까?'라고 생각해 된장국에 넣었더니 최고로 맛있는 국이 되었다.

가스레인지 2구를 한꺼번에 사용해 재빨리 만든다.

나는 채소를 좋아해서 식탁에는 채소 조림이나 샐러드가 놓여 있다. 고기도 좋아해서 잘 먹지만 비타민이나 식이섬유, 동물성 단백질 등의 영양소를 일일이 신경 쓰면서 먹진 않는다.

최근 지인이 평소에 어떤 것을 먹냐고 물어서 자세히 알려주었더니 "굉장히 건강한 식단인데요?"라고 해서 깜짝 놀랐다.

일주일에 한 번 만드는 된장국과 오리 샐러드와 프릴아이스 양상추 샐러드 레시피도 여기서 소개하겠다.

좋아하는 것을 원하는 만큼 먹고 있어서 엉망진창인 식생활이라고 생각했는데, 어느 정도는 몸에 좋은 것을 먹고 있나 보다.

그렇지만 별로 좋아하지 않는 낫토를 억지로 먹거나 할 생각은 전혀 없다.

 내가 좋아하는 채소를 매일 먹는다

★된장국

재료 고구마나 무, 배추 등 냉장고에 있는 채소

육수팩 …… 적당량

① 고구마와 무는 얇고 둥글게 먹기 좋은 크기로 자른다
② 냉장고에 있는 채소(배추 등)를 적당히 자른다
③ 냄비에 물을 넣고 끓인다
④ 자른 채소와 육수팩을 적당히 넣고 채소가 부드러워질 때까지 끓인다
⑤ 된장을 넣으면 완성

★오이 샐러드

재료 오이

① 오이를 삼등분하고 얇게 어슷 썬다
② 얇게 썬 표면에 소금을 뿌리고 살살 문지른다

★프릴아이스 양상추 샐러드

재료 프릴아이스 양상추, 와후 드레싱

① 프릴아이스 양상추를 깨끗이 씻는다
② 적당한 크기로 양상추를 뜯는다
③ 일본식 와후 드레싱(간장, 생강, 다진마늘, 참기름, 식초 등으로 맛을
낸 드레싱 – 옮긴이)을 뿌린다

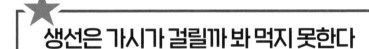

생선은 가시가 걸릴까 봐 먹지 못한다

생선에는 피를 맑게 하는 EPA, 뇌와 신경 발달에 필요한 DHA가 풍부하게 함유되어 있다. 그래서 나이를 먹을수록 생선을 먹는 게 좋다고 강조된다.

그것은 잘 알고 있지만, 솔직히 말하자면 나는 생선을 즐기지 않는다. 어린애 같다고 하겠지만 생선 가시가 목에 걸릴까 봐 무섭다.

나는 이비인후과 의사였으므로 '생선 가시가 목에 걸렸는데 빠지지 않는다'고 오는 환자들을 종종 보았다.

삼복더위에 모처럼 피로 회복을 위해 장어를 먹었는데, 목에 가시가 걸리다니 이렇게 운이 없을 수가!

장어 가시는 무척 가늘고 작지만 의외로 단단해서 목에 걸리면 잘 떨어지지 않는다. 치과에 가도 제거할 수 있지만, 엄밀히는 이비인후과가 전문이다.

장어뿐만 아니라 가시가 많은 생선은 주의해야 한다. 그런 환자들을 계속 진료하다 보니 어느새 생선을 먹을 수 없게 되었다.

가시가 없으면 문제가 없으므로 회는 잘 먹는다. 그중에서도 참치 뱃살은 없어서 못 먹을 정도로 좋아한다.

초밥도 좋아한다. 옛날에는 단골 초밥집이 있어서 자주 먹으러 갔었다.

요즘에는 외국에서도 생선회를 먹을 수 있게 되었다. 예전에는 '생으로 먹다니 야만적'이라고 비웃음을 당하던 시절도 있었다는데, 지금은 오히려 건강한 음식이라고 평가되어 참치는 전 세계에서 포획량을 늘리려 한다.

고기도 좋아하지만 '최후의 만찬을 한다면 무엇을 먹

고 싶은가'라고 누가 내게 묻는다면 '참치회'라고 대답할 것이다. 가시만 없으면 생선도 'OK'라는 뜻이다. 생선구이는 먹지 않지만, 회는 주 4회는 먹는다. 물론 저녁 할인 시간대에 슈퍼에 가서 저렴한 가격에 산다.

이렇게 보면 **혈액을 맑게 하는 음식도 꽤 많이 먹고 있다.** 오래 살기 위하여 내 몸이 원하는 것인지도 모르겠다.

 생선은 맛도 영양도 회로 먹는 게 최고

따끈따끈한 밥에
버터를 얹으면 맛있는 한끼

아침 식사로 종종 빵에 버터와 잼을 발라 먹는다. 커피에 우유를 약간 넣어서 함께 마시면 더욱 맛있다. 버터를 굉장히 좋아해서 빵에 심하다 싶을 만큼 듬뿍 바른다. 버터가 없을 때는 마가린을 바르기도 한다.

따끈따끈한 밥에 버터를 얹어서 먹을 때도 있다. 약간 짭조름한 것이 정말 맛있다. 반찬이 없을 때는 이렇게만 먹어도 된다. 이렇게 좀 이상한 방식으로 먹어서 마녀 같다고들 하는 걸까.

버터와 마가린이 건강에 좋다고 할 수는 없지만, 99세나 되어서 굳이 버터와 마가린을 끊을 생각은 없다. 한 번에 몇백 그램을 섭취하는 것도 아니니 크게 문제가 될 것 같지도 않다.

병원 문을 닫기 전까지는 근처에 있는 밥집에서 점심을 먹곤 했다. 지금은 병원을 운영하지 않으므로 하루에 두 끼만 먹는다.

나는 저녁에만 음식을 만든다. 그게 습관이지만 극단 공연일이 가까워지거나 연극이나 의학 관련 잡지의 원고 마감일이 닥쳐올 때, 그리고 대본을 써야 할 때 등 시간이 없을 때는 무리해서 요리하지 않는다.

편의점에서 도시락을 사 오거나 컵라면을 먹을 때도 있다. **시판 도시락을 먹을 때는 반드시 된장국을 끓여서 함께 먹는다.** 건강을 위해라기보다는 도시락만 먹으면 어딘지 모르게 허전하기 때문이다.

하나라도 손수 만든 음식이 있으면 마음이 채워지는

느낌이 든다.

컵라면을 먹을 때는 종종 청경채를 가늘게 썰어서 면 위에 얹고 뜨거운 물을 붓는다. 3분 뒤에는 청경채가 적당히 부드러워져서 아삭아삭한 식감을 즐길 수 있다.

음식에 관해서는 내 마음대로 만들어보고 맛있으면 내가 잘 먹는 메뉴에 추가한다.

식탁이 허전하다 싶으면 뭔가 하나 더 추가한다. 사실은 몸과 마음에 무척 중요한 습관이 아닐까.

 컵라면에 붓는 물로 채소도 함께 데친다

껍질을 벗기는 과일은
귀찮아서 먹지 않는다

여성은 과일을 좋아할 거라는 이미지가 있는데, 나는 그에 해당하지 않는다. 정확히 말하자면 과일이 싫어서가 아니라 껍질을 까야 하는 것이 귀찮아서 먹지 않는다.

사과와 배는 대표적인 귀찮은 과일이다. 껍질을 까거나 심을 제거하는 것은 생각만 해도 귀찮다.

과일 중에서 비교적 딸기는 잘 먹는다. 그렇긴 하지만 연유를 듬뿍 넣고 스푼으로 딸기를 으깬다. 그렇게 해서 달콤한 딸기 스무디처럼 먹는 것을 가장 좋아한다. 먹을 때마다 행복해진다.

신 것을 잘 못 먹어서 포도는 보기만 해도 몸을 움츠리지만, 단감과 복숭아는 좋아한다. 껍질을 벗기는 것도 귀찮지 않고 아주 잘 먹는다. 그래도 과일을 일부러 챙겨 먹으려고 하진 않는다. 마음이 내킬 때 어쩌다가 한 번씩 먹을 뿐이다.

요리를 싫어하지 않는데 사과나 배의 껍질을 벗기는 것이 귀찮다니 생각해보면 이상한 이야기다. 나 혼자 먹으려고 껍질을 벗기는 일은 거의 없지만 지인이 집에 오면 사과 껍질을 깎아서 내기도 한다.

'귀차니즘' 때문에 커피는 인스턴트커피다. 지금은 쉽게 내려 먹을 수 있는 드립 커피도 있지만, 인스턴트커피 가루를 넣어 먹는 것이 훨씬 간단하다.

집에서는 홍차를 마시지 않는다. 홍차 티백을 뜨거운 물에 넣어서 색이 변하기를 기다리기가 귀찮기 때문이다. 오로지 외출했을 때만 마신다. 그때는 설탕과 우유를 듬뿍 넣는다. 그렇게 하면 정말 맛있다.

지인 중에는 커피나 홍차를 손수 끓이는 것이 기분 전환이 된다는 사람도 있지만, 나로서는 그렇게 느긋이 기다릴 수가 없다. 정신없이 바쁘게 사는 것은 아니지만 시간이 아까워서 안절부절못하게 된다.

아마도 내가 좋아하는 정도에 따라 내면의 시계가 다르게 움직이기 때문일 것이다.

 마녀의 조언 **'맛'보다는 '간편함'을 선택하기도 한다**

꽤 쓸만한 마트 할인 코너

병원을 운영하고 있을 때는 수입이 있었지만, 지금은 저축한 돈으로 생활하고 있다.

내가 병원에서 일할 때 연금제도가 분명히 있었을 텐데 병원을 개원했을 당시 제대로 절차를 밟지 않은 탓에 터무니없이 적은 금액의 연금을 받게 되었다. 덜렁이도 이런 덜렁이가 없다.

정확하게 절차를 밟았더라면 상당한 금액의 연금을 받을 수 있었겠지만 엎질러진 물이다. 지금에 와서는 어떻게 할 도리가 없다.

병원을 닫아서 수입이 사라졌는데, 요즘은 물가가 너무 높아서 식료품을 살 때 한 번 더 생각해보고 산다. 좋아하는 쇠고기도 비싼 것은 사지 않고 지금은 국내산이지만 자투리 쇠고기만 사고 있다. 똑같은 고기이므로 조리하기 나름이며 맛있게 먹을 수 있다. 오히려 더 맛있게 먹을 방법을 연구하느라 매일이 즐겁다.

요즘에는 마트 할인 코너에서 좀 오래된 채소도 사게 되었다. 예전에는 눈길도 주지 않았지만, 사람은 필요가 있으면 변하는 법이다.

장을 보러 가면 필요 없는 것까지 사버렸는데, 지금은 '난 가난하니까 비싼 건 사면 안 돼'라고 염불 외듯 중얼거리면서 매장을 돌아다닌다. 어느새 '나는 가난하니까'가 입버릇이 되었다.

이렇게 말하면 불쌍해 보일 수도 있지만, 사실은 별로

신경 쓰지 않는다. 상황에 따라서는 '김에 밥만 있어도 살 수 있다'고 생각한다. 나는 전쟁 중 가난했던 시절을 겪었으므로 '어떻게 되겠지'라는 낙관적인 마음이 있다.

그런 의미에서는 노후도 걱정하지 않는다.

99세인 나는 이미 노후의 노후, 한쪽 발을 관짝에 넣고 사는 셈이다. 앞으로 수십 년 살 것도 아니고 경제적 쪼들림을 걱정해봐야 득 될 것이 없다.

앞날에 대한 걱정은 그때 생각하면 된다. 이런 낙천적인 생각 덕분에 이 나이까지 살 수 있었던 것이 아닐까?

언제나 현역. 노후 따위는 없다

밤에 잘 때는 입에 눈깔사탕을

내가 어렸을 때는 중일전쟁도 태평양전쟁(제2차 세계 대전)도 아직 먼 미래의 일이어서 먹을거리가 부족하지 않았고 단것도 종종 먹었다. 대여섯 살 때는 근처 과자가 게에서 초콜릿을 사서 매일 먹었다.

가족들이 나를 '초콜릿 아가씨'라고 부를 정도로 초콜 릿을 좋아했다. 어머니가 일하러 나가기 전에 초콜릿을 하나 받고 나서 배웅하는 것이 습관일 정도였다.

내 침대 옆에는 과자 상자를 놓아두고 방에 있을 때도

과자를 입에 달고 살았다. 정말 단 것을 좋아했다.

이런 성향은 어른이 되고 나서도 변하지 않았다. 연극 연습을 위해 모일 때도 히나아라레(일본 삼지날이나 히나 마쓰리에 먹는 달콤한 과자 - 옮긴이)를 오물거리기도 하고 작은 양갱을 주머니에 넣어뒀다가 배가 좀 고파지면 간식으로 먹는다.

전통 화과자인 라쿠간도 좋아한다. 8월 백중맞이에는 물고기나 꽃 모양을 한 라쿠간이 가게 앞에 판매되는데, 이것을 사서 쪼개어 먹는다.

다만 초콜릿은 익대생일 때 질리도록 먹어서 지금은 별로 먹고 싶은 생각이 들지 않는다. 한 번 좋아지면 무조건 입에 집어넣고 질릴 때까지 먹는 습성이 있다.

케이크는 어떤가 하면 나는 옛날식 버터크림 케이크를 좋아해서 지금 주류인 생크림은 별로 좋아하지 않는다. 테이블에 케이크가 나오면 먹긴 하지만 금방 배가 차버린다. 버터크림 케이크가 전혀 보이지 않아서 아쉽기만 하다.

지금도 습관인 것이 밤에 잘 때 입에 눈깔사탕을 넣는 것이다. 복에 걸리지 않도록 볼 안쪽에 집어넣는다. 달콤함을 맛보면서 잠드는 이때가 얼마나 행복한지 모르겠다. 이 엄청나게 행복한 시간을 만끽하기 위해 살아 있다고 해도 좋다.

아침에 일어났을 때 작아진 눈깔사탕이 볼 안쪽에 남아 있기도 하지만 말이다.

그렇게 하면 충치가 생기지 않냐고? 좋은 질문이다. 나는 벌써 예전부터 전부 의치를 하고 있다. 절대로 나를 따라 하지 않기를 바란다.

 전부 틀니여도 음식 맛은 똑같이 느낀다

규칙적인 생활은 한 적이 없다

병원을 운영할 때는 새벽 2시쯤에 잠들고 아침 7시에 일어났지만, 연극 연습을 시작하거나 원고 마감일이 다가오면 새벽 서너 시까지 못 자는 날도 있었다.

지금은 일찍 일어날 필요가 없어졌으므로 새벽 4시까지 독서를 하거나 원고와 극본을 쓰기도 한다. 그렇게 하고 아침 9시나 10시쯤 일어난다.

젊었을 때부터 의사와 연극을 병행해왔으므로 1년 365일 수면 부족이었을지도 모른다. 규칙적인 생활을 하려고 생각한 적은 한 번도 없다.

진료를 하는 틈틈이 졸기도 했다. 간호사도 이런 나를 한두 번 본 것이 아니라서 환자가 진료실에 들어오는 순간 나를 쿡 찔러서 깨워주었다.

긴 세월 이런 생활을 해와서인지 5분만 자면 머리가 맑아진다.

굉장히 쉽게 잠드는 것이다.

불면증으로 고생하는 분들에게는 죄송한 마음이지만 빨리 잠들 수 있는 것은 고마운 일이다.

지금은 시간이 있으므로 두 시간 정도 낮잠을 자기도 한다. 그래도 밤에 잠을 설치지 않는다.

새벽녘까지 깨어 있으므로 낮잠을 자서 수면시간을 보충하는 것인지도 모른다.

수면 다음에는 운동이다. 다리가 약해지면 몸 전체가 약해지므로 가능한 한 걸어 다니려 한다. 집에서 병원까지는 도보 20분 정도로 월요일부터 금요일까지 매일 아침 걸어 다녔다.

지금은 진료를 보지 않으므로 되도록 직접 마트를 다니며 가는 김에 산책도 하고 온다.

극단 공연을 하게 되면 계속 서 있어야 한다. 죽을 때까지 연극을 하기 위해서라도 다리와 허리를 단련해야 한다. 이런 목표가 있어서 걷는 게 힘들지 않다.

'넘어지기 전의 지팡이'라는 일본 속담이 있는데, 유비무환이라는 뜻이다. 나는 **밖을 걸을 때는 맑은 날이어도 우산을 지팡이 대신 짚고 걷는데, 비가 내리면 우산을 쓸 수 있어서 편리하다.** 일부러 지팡이를 살 필요는 없다. 있는 것을 활용하면 된다.

최근에는 달리는 연습도 한다. 사람들이 보기에는 달린다기보다 빨리 걷고 있는 듯이 보이겠지만, 나로서는 달리기 연습이다.

왜 달리기 연습을 하느냐면 연극에서 달리는 장면이 있을지도 모르기 때문이다.

연극을 하기 위해서라면 뭐든지 할 수 있다. 그것이 내 체력과 기력을 유지하는 비결인지도 모른다.

 우산은 소나기가 올 때도 쓸 수 있으니 일거 양득

담배와 술은 적당히 즐긴다

의사라는 입장에서는 흡연은 권장할 수 없지만, 나는 두 달에 한 번 정도는 담배가 생각난다. 수술로 지쳤을 때나 스트레스가 쌓여 있을 때는 담배를 굉장히 피우고 싶어질 때가 있다.

젊었을 때는 더 자주 담배를 피웠지만, 점점 횟수가 줄었고 지금은 두어 달에 한 번 정도다.

두 달에 한 번이면 '중이 제 머리 못 깎는다'고 할 정도는 아니지 않을까.

술은 20대에는 약간 마셨다. 의사가 막 되었을 무렵에는 병원에서 소독에 사용하는 에탄올이라는 알코올을 탈지면에 적셔서 쪽쪽 빨았다. 마녀가 아니라 흡혈귀처럼 말이다.

왜 그런 일을 했는지 잘 기억은 안 나지만 여성이 술을 직접 사는 것이 손가락질당하는 시대여서가 아닐까? **지금은 여성 혼자서 술집에 들어가도 아무렇지도 않으니 좋은 시대다.**

평소 내가 교류하는 극단원들은 하나같이 애주가다. 술자리에서 신나게 마시지만 나는 컵에 1센티미터 정도만 마셔도 취해버린다.

한 번은 큰일 날뻔한 적이 있다.

단원 중 장난을 좋아하는 사람이 있는데, 술을 마시고 있을 때 '달콤하고 맛있을 거예요'라고 하면서 내게 잔을 건네주었다.

주스인 줄 알고 마셨는데 확실히 달콤하고 맛있었다. 꿀꺽꿀꺽 마셨더니 갑자기 심장이 벌렁벌렁 뛰고 눈이 핑 핑 도는 게 아닌가. 제대로 앉아 있지도 못하고 쓰러지다시피 누웠다.

내가 파랗게 질린 얼굴로 "안 되겠어, 나 죽어요"라고 신음했다. 사람들이 깜짝 놀라 구급차를 불렀다. 급성 알코올중독이었다. 실려 간 병원에서 수액을 맞고 어떻게든 수습되었지만, 한때는 저세상에 가는 줄 알았다.

모처럼 아흔을 넘기고 살고 있는데, 알코올중독으로 죽다니 말도 안 되는 일이다. 나한테 술이 아닌 척하고 잔을 건네준 사람도 놀라서 새파랗게 질렸다.

흡연 이야기를 했는데 내 지인 중에는 80세가 넘었는데 담배를 피우는 사람이 있다. 매년 건강검진을 하고 있는데 폐에 아무 흔적도 없고 건강 그 자체다.

흡연이 폐암을 일으킬 위험을 높이는 것은 확실하지만 아무 문제 없이 나이를 먹어가는 사람도 있긴 하다.

만약 폐암에 걸릴 체질이었다면 벌써 예전에 걸렸을 것이다. 80세까지 담배를 피우고 있는데 폐암에 걸리지 않았다면 이제 와서 담배를 끊을 이유도 없다.

설령 폐암일 소지가 의심된다고 해도 고령자는 진행이 빠르지 않다. 암세포가 증식하는 것이 빠른지 수명이 다하는 것이 더 빠른지는 알 수 없는 노릇이다.

금연을 해서 스트레스를 받기보다는 자유롭게 담배를 피워서 인생을 즐기는 편이 훨씬 건강에 좋다. 가볍게 즐기는 정도의 흡연은 스트레스를 받지 않고 면역력도 강해진다고 나는 믿기 때문이다.

믿는 자는 구원받는다

PART 3

몸의 이상은
그만두라는 신호

시대에 맞서지 않고
스트레스를 흘려보낸다

어릴 적에는 병약해서 죽을뻔할 적도 있었지만, 어른이 되고 나서는 큰 병을 앓은 적이 없다. 의사라는 직업에 종사하면서 연극을 병행하며 전혀 스트레스를 받지 않는 것은 아니지만 위궤양이 생긴 적도 없고 만성적인 컨디션 악화에 시달린 적도 없다.

어떻게 그럴 수 있었을까?

생각해보면 만사에 '어떻게든 되겠지'라고 생각하는 내 성품이 영향을 미치는 것 같다.

인턴 시절에는 남자 선배 의사들이 종종 악담을 하거나 속 좁은 심술을 부렸다. 하지만 **그때그때 스트레스를 흘려버리면서 살았다. 너무 심각하게 생각하지 않기를 잘했던 것 같다.** 끙끙거리며 곱씹었더라면 스트레스가 쌓여서 위에 구멍이 났을 것이다.

지금도 일본에서 여성의 지위는 높다고 할 수 없지만, 옛날에는 남존여비가 무척 심했다. 여성을 남성과 동등한 존재로 대하지 않았다. 분하고 억울했다.

하지만 시대에 맞서지 않고 살아온 것이 오히려 잘한 일 같다. 속으로는 이를 갈았지만 내색하지 않고 '어디 두고 봐라'라고 생각했다.

그렇게 의사와 연극이라는 일을 양립해왔다. 두 가지를 동시에 해온 것도 다행이었을지도 모른다. 둘 중 하나만 했다면 숨 쉴 구멍이 없었을 것이다. 의사와 연극이라는 두 바퀴가 함께 굴러가 적당히 스트레스를 해소할 수 있었다.

이른바 내장의 심각한 질병에 걸린 적은 없지만, 변비

와 손발에 세균성 염증이 생기는 등 사소한 병은 많이 앓는 편이다. 이 장에서는 그 이야기를 해보겠다.

'어디 두고 봐라'하고 살아간다

엄지발가락에 내성 발톱이 생겨 괴로워한 날

어른이 된 후에 두 엄지발가락에 내성 발톱이 생겨 여러 번 표저(瘭疽)에 걸렸다.

표저는 손가락이나 발가락 끝에 염증이 생겨 빨갛게 부어오르고 욱신거리는 통증을 일으키는 질병으로 세균성 감염증이다. 심해지면 심장 박동처럼 통증이 쾅쾅 밀려와 참을 수 없게 된다.

나의 경우 내성 발톱이 피부를 파고 들어가서 세균이 들어가 염증이 생긴다.

한 번은 발톱을 절반이나 자르고 새로운 발톱 생기기를 기다려야 했다. 발가락 끝부분은 신경이 뻗어 있으므로 이루 말할 수 없이 아프다.

마취 주사를 맞는 것 자체가 참을 수 없는 고통이었고 그 때문에 아프다고 비명을 질렀다.

이때는 부어오른 엄지발가락의 고름을 제거해 통증이 사라졌지만, 새로 자라난 발톱도 결국 내성 발톱이 되고 말았다. 지금도 종종 표저에 걸리고 때로는 아프다.

하지만 병원에 가면 수술하자고 할 것이 뻔해서 가지 않고 참고 있다.

그때의 통증을 또 겪는 건 사양하고 싶다.

아무리 나이를 먹어도 통증에 익숙해지지 않는다.

통증이 심할 때는 항생제나 진통제를 먹는다. 의사였을 때는 스스로 약을 처방할 수 있어서 좋았다.

하지만 지금은 병원을 닫아서 그렇게 할 수 없으니 어쩔 수 없이 약국에서 약을 사거나 병원에 간다. 병원 문을 닫으면 이렇게 되는구나, 하고 다시 한번 유감스럽게 생각한다.

　나이가 들면 생각지 못한 몸의 변화로 힘들어지거나 통증을 느끼게 될 때가 있다.

　하지만 오래 살고 있어서 아픔도 경험할 수 있는 거라고 긍정적으로 생각하면 신기하게도 약간 아픔이 누그러진다. 역시 플라세보(위약) 효과는 대단하다.

 어떤 아픔도 살아 있기에 느낄 수 있는 것

98세이지만 혈액 검사를 하면 '이상 없음'

　넘어져서 머리에 혹이 생겨 경막하혈종 수술을 한 이후 수술과는 인연이 없었다가 98세가 되고 나서 백내장 수술을 했다.

　백내장은 수정체가 탁해져 눈으로 들어오는 영상의 초점을 잘 조정할 수 없게 되는 병이다. 그러면 풍경이 흐리게 보이거나 눈부시게 느껴지는 증상이 나타난다.

　일설에 의하면 백내장이 되는 것은 50대가 37~54%, 60대가 66~83%, 70대가 84~97%, 80세 이상은 100%라고 한다.

즉, 98세인 나는 무조건 백내장이다.

그렇게 생각하면 지금까지 용케 수술을 받지 않고 살 수 있었구나, 놀랍기만 하다. 나는 이비인후과 의사로서 부비강염 환자 수술을 많이 해왔지만, 막상 내가 수술을 받을 처지가 되자 두려움이 앞서 좀처럼 결단을 내리지 못했다.

결국 사물이 보이지 않고 원고지에 글씨를 쓰는 것도 힘들어졌다. 이러면 원고도 쓸 수 없고 책도 읽을 수 없고 사물이 뿌옇게 보여 안개 속을 걷는 느낌이라 위험하다. 그런 이유로 마침내 버티기를 그만두었다.

그래도 모르는 병원의 의사에게 수술을 받는 게 무서워서 지인에게 부탁해 백내장 수술 전문가가 있는 병원을 소개받았다.

수술 전에 전신 검사를 한다고 해서 혈액 검사를 받았다. 그런 검사는 수십 년 만이었다. 무슨 이상이라도 발견하면 어쩌나 걱정했지만, 결과는 완전히 건강한 몸으로 나왔다.

'아무데도 이상이 없습니다'라는 말을 듣자 조금 부끄러웠다. 98세가 되어 아무 이상이 없다니 비정상이 아닌가 생각했을 정도다. 보통은 콜레스테롤이라든가 뭔가 하나는 걸릴 텐데 모든 수치가 정상이었다.

건강의 '기역(ㄱ)'도 아랑곳하지 않고 살아가는 내가 건강한 몸이라니 참 신기하다.

'건강해지고 싶어서' 먹고 싶은 것들을 참고 있는 사람들에게는 미안한 마음이 든다.

여러분, 어느 정도 나이가 되면 먹고 싶은 것을 먹고 좋아하는 것을 합시다. 그게 더 스트레스 없이 오래 살 수 있을 것 같아요.

건강에 연연하지 않는 생활을 고수한다

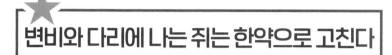

변비와 다리에 나는 쥐는 한약으로 고친다

　나는 변비에 자주 걸린다. 평소 된장국에 고구마를 넣어 먹긴 하지만 피로가 쌓이거나 바쁘거나 스트레스를 받으면 쉽게 변비가 된다. 체질이 그런 모양이다.

　일반적으로 변비약으로는 산화마그네슘을 처방하는데 나는 한약에 의지한다. 왠지 변비 같은 느낌이 들 때는 방풍통성산(防風通聖散)을 복용하고 아예 소식이 없으면 대황감초탕(大黃甘草湯)을 복용한다.

　대황감초탕은 대황과 감초라는 두 가지 생약으로 이

루어진 한약재로 위장에 부드럽게 작용한다.

또한 쥐가 났을 때도 한방에 의지한다. 작약감초탕(芍藥甘草湯)이라는 작약과 감초를 쓴 한약도 있는데 뜻밖에 즉각적인 효과가 있다. 한의학이 효과를 보려면 시간이 걸린다고 생각하기 쉽지만 작약감초탕은 비교적 빨리 효과가 나타나는 편이다.

나는 반년에 몇 번 다리에 쥐가 나는데, 계속 쥐가 날 때는 2~3일간 작약감초탕을 지속해서 복용하면 쥐가 나지 않는다.

한의학과 서양의학의 약은 잘 구분해서 사용하면 좋을 것 같다. 각각의 장단점이 있으므로 그것들을 서로 보완하는 방향으로 활용하자.

한약과 사이좋게 지낸다

급하게 먹으면 복통이 일어난다

나는 넘어져서 다치거나 변비가 되거나 세균성 염증을 일으키기도 하지만 어떤 이유에서인지 독감에 걸린 적은 한 번도 없다.

이비인후과 의사이기 때문에 독감 환자를 진찰하기도 하는데 이상하게도 옮은 적이 없다.

물론 감염되지 않도록 마스크를 쓰고 가글을 하지만 가까이에서 환자를 봐도 옮지 않는 것은 내가 생각해도 좀 신기하다.

신기한 일이 또 있다.

급하게 먹거나 딱딱한 음식을 먹으면 식도(食道)와 위
(胃) 사이가 꽉 닫혀서 통증이 생기기도 한다. 지난 10년
사이에 이런 증상이 생겼다.

의학 용어로는 분문경련(噴門痙攣)이라고 한다. 식도
의 아랫부분이 좁아져서 음식물이 통과하지 못하는 것이
다. 구토와 체중 감소 등이 증상이 나타나는데, 나는 그
정도로 심해지진 않아서 잠시 가만히 있으면 통증이 가
라앉는다.

**빨리 먹는 등 몸에 해로운 방식으로 먹으면 알아서 위
가 반항하는 것이다.** 마치 '이렇게 먹으면 안 돼!'라고 경
고라도 하는 듯하다.

의학적인 관점에서도 빨리 먹는 것은 몸에 좋지 않다.
어렸을 때 부모님이 꼭꼭 씹어서 먹으라고 하셨는데, 침
과 음식이 잘 섞이면 소화가 잘되기 때문일 것이다.

나이가 들면 씹는 것에도 체력을 사용하고 소화하는 힘도 예전만 못하기 때문에 천천히 꼭꼭 씹어서 먹어야 한다고 스스로 타이른다.

 빨리 먹는 것은 복통의 원인이다

건강보조식품은 절대 먹지 않는다

잡지나 신문을 보면 하루도 빠지지 않고 건강에 관한 기사가 나온다. TV 건강 프로그램도 마찬가지다. 그런 종류의 프로그램은 시청률도 좋고 '○○가 고혈압에 좋다', '살을 빼는 데 ○○가 좋다', '○○가 지방을 줄인다' 등으로 방송되면 전국의 슈퍼나 약국에서 그 제품이 사라진다.

하지만 내가 봤을 때는 '건강을 너무 신경 쓰는 거 아니야?'라는 생각이 든다.

아무리 '○○가 좋다'고 해도 그것만 섭취하면 오히려 건강에 나쁠 것 같다. 그보다는 여러 가지 식품을 골고루 먹는 것이 좋다.

그런 내가 절대로 먹지 않는 것이 있다. 바로 건강보조식품이다.

TV에서도 수많은 건강보조식품 광고가 나온다. ○○ 의학 박사 추천이라는 둥 유명 연예인이 "저도 먹고 있어요"라며 꽤나 효과가 있는 것처럼 홍보한다.

하지만 그게 정말일까?

건강보조식품을 먹지 않고도 평소 식사를 통해 영양을 섭취하면 충분하다고 생각한다.

내가 의대생이었을 때이니 지금으로부터 70년도 더 전의 일이다. '이걸 먹으면 기운이 난다'고 소문이 자자했던 드링크제를 분석한 적이 있는데, 그 제품에는 알코올이 들어 있었다.

알코올이 들어 있으면 일시적으로 기분이 나아진다. 동기들과 '뭐야, 그런 거였어?'하고 이야기했던 기억이 난다.

그런 경험도 있어서 건강보조식품에 대해서는 의구심을 품고 있다.

일부 제품에는 성분이 농축되어 있거나 의약품 성분이 포함되어 있다. 과유불급이라고 과하게 섭취하면 해가 될 수도 있다.

나이가 들면 평소에 복용하는 약도 많아지고 그런 약들과의 상호 작용으로 예기치 않은 상황이 발생할 가능성도 있다.

이른바 '건강 덕후'여서 여러 종류의 건강보조식품을 먹는 지인이 있었다. 그런데 어느 순간 암이 생겼고 그것을 알게 되었을 때는 이미 몸 곳곳에 전이되어 있었다.

당시 그 사람은 70대였다.

나이가 들면 2명 중 1명은 암에 걸리는 시대이니 암에 걸린 게 이상한 일은 아니다.

결국 건강보조식품을 많이 먹어도 병에 걸리지 않는다는 보장은 없다는 것이다.

그리고 **건강보조식품을 복용한다고 해서 식사를 소홀**

히 하면 건강에 더 안 좋은 것은 두말할 나위가 없다.

　건강보조식품을 먹지 않아도 99세까지 살아 있는 나와 같은 사람도 있으니 효과를 맹신하지 않는 것이 좋지 않을까.

 건강보조식품을 과하게 믿지 말자

피부 보습을 소홀히 하면 후회한다

나는 극단을 운영하면서 여배우로서 무대에도 서고 있다. 그래서 피부 관리를 엄청 잘할 것 같겠지만 50살이 되기 전까지는 특별히 신경 쓰지 않았다.

어디까지나 개인적인 생각이지만 얼굴도 피부 호흡을 하는 것이 중요하다고 생각했다.

그래서 밤에는 자기 전에 세숫비누로 세수를 한 다음 아무것도 하지 않고 잤다. 피부 호흡을 하지 못하면 피부가 거칠어진다고 생각했다.

그런데 이렇게 하다 보니 얼굴에 주름이 생겼고 '이건 좀 문제구나'하는 생각이 들었다. 지금까지의 '아무것도 하지 않는 스킨 케어'에 의문을 느끼게 된 것이다.

계속 혼자 살아서 누구한테 피부 관리를 하는 방법을 배운 적도 없고 내 방식대로 해왔는데, 아무것도 하지 않는 게 좋지 않다는 것을 깨달았다.

젊었을 때는 피부에 유분이 있고 탄력도 있었지만, 나이가 들면서 피부가 건조해지고 주름이 생겼다.

그래서 **지금은 클렌징 크림으로 화장을 닦고 일반 비누로 세안을 하고 토너를 바른 다음 나이트 크림으로 마사지를 한다.**

마사지는 세게 문지르지 않으려고 조심한다. 가볍게 마사지한 후 티슈로 닦아준다. 그 후에는 피부를 건강하게 해준다는 에센스를 바른다.

98세에 백내장 수술을 했다고 앞에서 이야기했는데, 수술 후에는 사물이 또렷하게 보이게 되었다. 탁한 수정체를 제거하고 인공 렌즈를 삽입하기 때문이다.

그때까지만 해도 거울에 비친 내 얼굴이 흐릿하게 보여서 주름이 좀 있긴 하지만 그럭저럭 예쁜 줄 알았다. 그런데 수술 후 내 얼굴을 보고 깜짝 놀랐다.

"이렇게 주름살이 많다니!?"

소 잃고 외양간 고치는 격이지만 피부 관리의 중요성을 깨달았다.

지금은 거울을 볼 때마다 '어휴'하고 한숨을 쉬면서 이전보다 시간을 들여 토너와 에센스로 부지런히 보습을 해주고 있다.

 나이에 상관없이 보습이 중요하다

★ 아무도 만나지 않는 날에도 화장을 한다

여배우로 무대에 설 때는 무대용 분을 바르고 화려하게 화장을 한다. 멀리 있는 관객들도 표정을 알 수 있도록 진하게 아이라인을 그리고 립스틱을 바른다.

그렇게 화장하면 평소에도 화장을 안 할 수가 없다. 90대 중반을 넘어 주름이 자글자글한 얼굴을 보면 한숨이 나오는 할머니여도 화장을 빼먹을 수는 없다.

외출할 때는 물론 집에 있을 때도 화장을 한다. 함께 일하는 극단 후배가 불쑥 방문할 수도 있고 택배 기사님도 올 수도 있다. 언제, 어떤 때라도 내 민낯은 아무에게도 보여주고 싶지 않다.

그렇지만 거울에 비친 얼굴을 보면 주름투성이다. 퍼프(puff)를 두드리면 주름 사이에 파운데이션이 낄 수밖에 없다. 그래도 퍼프를 쥔 손은 멈추지 않고 피부를 탁탁 두드린다. 갈라진 벽에 페인트를 칠하듯이 주름을 숨긴다.

'조금이라도 더 아름답게 보이고 싶다.'

이런 마음으로 거울 속의 자신에게 다가가 못생긴 얼굴이 아름답게 변할 수 있도록 공들여 퍼프를 두들긴다. 이게 바로 여자의 업보가 아닐까? 내가 생각해도 좀 어이가 없지만 그래도 매일 퍼프에 손을 뻗는다.

 민낯을 보이지 않는 것은, 여자의 소양

욕조는 노인의 사형집행대

나이가 들고 나서는 오로지 샤워만 한다. 여름에는 샤워만 하는 사람이 많겠지만, 나는 겨울에도 샤워만 한다. 히트 쇼크(heat shock)가 두렵기 때문이다.

히트 쇼크는 기온의 변화로 혈압이 갑자기 떨어져 심장과 혈관 질환을 일으키는 현상이다.

겨울철 따뜻한 거실에서 추운 탈의실로 이동하여 옷을 벗으면 추위에 대응하기 위해 혈관이 수축되어 혈압이 상승하고, 차가운 욕실에 들어가면 혈압은 더 올라간다.

그런데 뜨거운 물이 담긴 욕조에 들어가면 갑자기 몸이 따뜻해져서 이번에는 혈관이 이완되고 혈압이 떨어진다. 그로 말미암아 히트 쇼크를 일으키고 최악의 경우 사망하게 된다.

11월부터 2월까지 추운 시기에는 조심해야 한다. 2021년 후생노동성 '인구동태조사'에 따르면 65세 이상 고령자의 교통사고는 2,150명인데 비해 고령자의 집이나 거주 시설의 욕조에서 실수로 익사하거나 물에 빠지는 사고가 4,750명이나 되었다. 히트 쇼크가 원인으로 추정되는 사망자가 늘어난 것이다.

특히 노인들은 히트 쇼크를 일으킬 위험이 크다. 99세인 나는 최고로 위험하다고 할 수 있다. 동거인이 없으니 욕실에서 쓰러져도 아무도 도와주지 못한다. 스스로 자신을 지켜야 한다.

최대의 방어 방법은 '샤워를 하는 것'이다. 몸이 차가운 상태에서 욕조에 들어가면 혈압이 떨어져 위험하다. 하지만 샤워라면 그런 위험을 줄일 수 있다.

욕실 안과 밖의 온도 차를 최소화하기 위해 옷을 벗기 전에 샤워기로 욕실 내부를 따뜻하게 하는 것도 중요하다. 욕실 벽에 뜨거운 물을 부으면 상당히 따뜻해진다.

지난 10년간 겨울에도 샤워만 했던 것 같다. 욕조를 비워 두기는 아까워서 물을 받아둔다. 이것은 방재 대책 중 하나다. 일본은 지진 등 자연재해가 많은 나라이므로 비상시에 대비하는 게 중요하다.

내가 30세 정도였을 때 가뭄으로 댐의 물이 말라버려서 급수차가 온 적이 있다. 그때의 기억이 강렬하게 남아 있어서 물에 관한 대책은 엄청 신경을 쓴다.

지금은 수세식 화장실이니 물을 내릴 수 없으면 곤란하다. 욕조에 물을 받아두면 안심이다. '할머니의 지혜'라고나 할까.

 약간의 부주의가 치명타가 될 수 있다

PART **4**

99세에도
인생은 꽃길

결혼하지 않아도 행복할 수 있다

99세가 된 지금까지 나는 배우자 없이 혼자 살아왔다. 하지만 가족, 친구, 지인, 환자들과 관계를 맺으며 그들의 지지 속에서 인생을 살아갈 용기를 얻었다. 그런 의미에서 나는 결코 혼자가 아니었다.

이렇게 결혼하지 않고 살아가는 데는 부모님의 영향이 작지 않았던 것 같다.

사실 내 부모님은 사실혼이었다. 지금은 종종 볼 수 있지만, 100년 전인 1900년대에 부부가 별성(別姓)을 쓰는 경우는 드물었을 것이다.

어머니는 소아과·내과 의사였다. 경제적으로 홀로서기가 가능했기에 더욱 아버지에게 종속되기 싫었던 것 같다. 아버지 역시 어머니에게 종속되지 않고 독립적으로 살고 싶은 마음이 컸을 것이다.

그래서 나와 여동생은 호적상으로 '서자(庶子)'였다. 아버지가 인지한 아이라는 뜻이다. 부모가 혼인 관계에 있으면 '적자(嫡子)'라고 불렀고, 아버지가 아이를 인지하지 않으면 '사생아(私生兒)'로 취급했다. 나의 성인 '산조'는 아버지 쪽 성인데, 아버지가 돌아가시기 전 상속 문제 때문에 어머니가 어쩔 수 없이 아버지의 호적에 들어갔던 것 같다.

어렸을 때 자신이 서자라는 것을 알고 깜짝 놀랐다.

어린 마음에 "나는 주워온 아이인가?"라고 심각하게 걱정했을 정도다.

전쟁이 끝나고 민법이 개정되면서 그런 호칭은 사라지게 되었다.

그런 부모님 밑에서 자랐기 때문에 여성도 당연히 직업을 가져야 한다고 생각하며 자랐다. '일단 경제적으로 독립해야 한다'는 마음에 어머니와 같은 의사라는 직업을 선택했다.

여기에는 앞서 말했듯이 연극의 길을 가고 싶어서라는 이유도 있었다.

배우로 먹고산다는 것은 불가능한 일이었다. 대부분 일용직을 전전하면서 연극 연습을 했다.

의사라는 직업은 힘들었지만 먹고 살 수 있는 충분한 수입이 들어왔다. 그 덕분에 어떻게든 극단을 꾸려나갈 수 있었다.

이야기가 갑자기 바뀌지만, **나는 젊었을 때도 지금도 항상 누군가를 사랑하고 있다.**

내가 좋아하는 사람들은 대부분 극단을 통해 알게 된 사람들이다. 돈은 없어도 성실한 사람이 내 취향이다.

교양 있고 외모도 훈남이면 더 좋겠지만 그렇지 않을 때도 있었다.

나는 한 번 연애를 시작하면 꽤 오래 가는데 가장 짧을 때도 몇 년간 관계를 이어나갔던 것 같다.

하지만 직장 동료인 의사와는 연애하지 않기로 했다. 의사는 대부분 경제적 여유가 있어서 간호사 등 취향에 따라 고를 수 있고 유혹이 많아 노는 사람이 많기 때문이다(물론 성실한 의사도 있다).

나는 의사와 진지한 관계가 되면 마지막에는 배신당하고 슬퍼할 것이라고 자신을 타일렀다.

항상 사랑을 했지만, 결혼을 하고 싶진 않았다. 이상이 너무 높았던 건지 어쩌다 보니 좋은 사람을 만나지 못한 건지 잘 모르겠지만 경제적으로 독립해 있어서 결혼의 필요성을 느끼지 못했을 수도 있다.

사람은 하고 싶은 일, 열중할 수 있는 일이 있으면 마음이 채워지고 외로움도 느끼지 않는 것 같다. 남자와는 결혼하지 않았지만, 의사와 연극이라는 두 가지 직업과 결혼한 것과 마찬가지가 아닐까.

　이런 삶이 계속 이어질 줄 알았는데 코로나 때문에 한 쪽을 잃게 되었다. 99세라는 나이에 새삼 인생은 내 맘대로 되지 않음을 느낀다.

 몰두하기 위하여 산다

좋아하는 사람이 없으면 사는 의미가 없다

내가 젊었을 때는 '여자는 결혼해서 가정을 가져야 비로소 어른'이라고 생각했다. 하지만 부모님은 당시에 희귀한 경우인 사실혼을 했고 결혼하라고 나를 압박하지 않았다.

하지만 세상은 '여자가 혼자 사는 것'을 부자연스럽다고 규정하고 그렇게 살면 '왜 결혼하지 않냐'고 재촉한다.

내가 다녔던 여학교는 대부분 관료와 군인의 자녀가

다녔다. 그래서 예의범절에 까다로워서 전철에도 감시역할을 하는 교사가 자리 잡고 있다가 누군가가 조금이라도 다리를 벌리고 앉으면 "누가 이런 자세로 앉아!"라며 지적했다.

하지만 부모님이 애써 보내준 학교였기 때문에 '오늘도 무사히'라는 식으로 시간을 때우며 지냈다.

내 동기들은 대부분 결혼 상대를 찾기 위해 입학한 것 같았다. 상대는 외교관이거나 좋은 대학을 졸업한 남성이다. 요즘 말하는 '결혼 활동 파티' 같다고나 할까.

고학년이 되면 궁정에서 추는 춤을 배웠다. 그 춤을 선보이는 날에는 졸업한 선배들이 예쁜 드레스를 차려입고 찾아왔다. 회장에는 유명 대학을 나온 젊은 남성과 그 어머니들이 와서는 결혼 상대로서 품평을 했다.

나는 그런 것에 반발심을 느꼈고 전혀 관심이 없었다. 만약 결혼한다고 해도 자유연애를 해서 결혼하고 싶다고 생각했다.

결혼에 관심은 없었지만, 앞서 말했듯이 항상 누군가

를 좋아하고 있었다. 누군가를 좋아하게 되면 기분이 총천연색으로 변하고 그것만으로도 행복해진다.

지금까지의 인생에서 사랑을 하지 않았던 시기는 거의 없다. '좋아하는 사람이 없으면, 사는 의미가 없다'라고 할 수도 있겠다.

연애가 잘 안 되면 연극에도 영향을 미쳐서 연기를 잘 못하게 되는데 그럴 때는 정말 괴롭다.

지난날을 돌이켜보면 내가 차기도 하고 차이기도 했다. 좋아하는 사람이 없는 시기는 우울한 기분이 들지만 운 좋게도 비교적 금방 다른 남자가 나타났다. 그러면 전 연인에 대한 기억은 깨끗이 사라진다. 그런 면에서는 여자가 남자보다 마음의 정리가 더 빠른 건지도 모른다.

지금은 주름이 자글자글한 할머니이지만 젊었을 때는 분을 바르면 이 정도면 꽤 미인이라고 자부했었다.

지금처럼 여자가 먼저 고백하는 것은 상상할 수 없는 시대였기 때문에 어떻게 하면 상대방이 나를 돌아보게 할 수 있을지 이런저런 방안을 짜기도 했다.

그래서 남자를 이리저리 헷갈리게 하기를 좋아했던 것 같다. 연극에서도 남자를 속이는 악역을 좋아해서 예전에는 종종 그런 역할을 맡았다. 지금은 물론 할 수 없지만….

사람을 사랑하는 것은 멋진 일이다. 좋아하는 사람과 전화 통화를 하는 것만으로 신이 난다. 그것은 젊은 남녀의 연애와 같다. **나이가 들어도 누군가를 좋아하는 마음은 사라지지 않기 때문이다.**

좋아하는 사람이 생겼을 때 '이 나이에 사랑에 빠지는 건 남 보기 부끄럽다'며 주저하는 사람도 있지만, 그거야 말도 안 되는 소리다. 사람을 사랑하는 것은 인간에게 주어진 최고의 선물이다. 그것을 누리지 않는 것은 아까운 일이라고 감히 크게 말하고 싶다.

옛날에 어느 점쟁이가 '당신은 남자에게 퍼주는 사람이에요'라고 말한 적이 있다. 인정하고 싶지는 않지만 좋아하는 사람에게 뭐든 해주고 싶은 건 사실이다.

　내가 결혼을 했다면 배우자에게 너무 헌신적으로 퍼주어서 오히려 잘되지 않았을 것이다. 혼자 살면서 항상 누군가를 사랑하는 삶이 내게는 맞는 일 같다.

사람을 사랑하는 것보다 멋진 건 없다

나이가 많아도 당당하게 살아간다

최근에는 편의점이나 슈퍼마켓의 계산대가 대면식이 아니라 셀프 계산대로 되어 있는 곳이 늘었다. 그때마다 점원에게 방법을 배우고 계산하지만 몇 번을 해도 기억할 수가 없다.

가만 보면 나 같은 노인이 아니어도 기계 앞에서 당황하는 사람들이 있다.

이래서는 효율적인 건지 아닌지 헷갈린다. 지금의 기계화와 효율화를 따라갈 수는 없지만, 세상이 그렇게 변하고 있으니 불평할 수도 없다.

나는 휴대폰도 스마트폰이 아닌 폴더폰을 사용한다. 언젠가는 폴더폰이 판매 종료될 것이라고 하니 은근히 걱정이다.

이처럼 나는 극단적인 '기계치'이므로 컴퓨터도 자유롭게 사용하지 못해서 나를 도와주는 극단원이 원고를 대신 입력해준다. 불편하다고 하면 불편하지만 이제 와서 배우려는 마음은 없다.

젊은 사람들은 태어날 때부터 스마트폰이 존재했고 컴퓨터도 흔해서 자연스럽게 IT 기기를 사용할 수 있는 것 같다. 나처럼 90살이 넘은 노인은 아무리 열심히 해도 그들에 비하면 완전 초보나 다름없다.

오히려 마음을 편히 갖고 내 길을 간다고 생각하는 편이 이런저런 고민 없이 끝난다. 고령자가 기계치가 되는 것은 세상에 흔히 있으며 부끄러워할 일이 아니다.

'늙음'을 부정적으로 받아들이지 말고 '이런 세상이 되었구나, 놀랍다'하고 감탄하면 되는 것이다.

모르는 것이 생기면 그것을 알고 있는 사람한테 주눅 들지 말고 물어보자. 의외로 친절하게 가르쳐 줄 것이다. 나는 그렇게 타인에게 의지하면서 당당하게 살고 있다.

모르는 것은 주눅 들지 않고 물어본다

★ 밥솥을 한 번도 씻지 않아도 죽지 않는다

나이를 먹으면 성숙해져서 규칙적인 생활을 하고 정리 정돈도 잘하리라 생각하겠지만, 나는 그렇지 않다. 청소를 잘하지도 못하고 옷을 산더미처럼 쌓아놓기도 한다.

그러면 극단원들이 보다못해 청소를 해주거나 옷을 옷걸이에 걸어 주기도 한다. 그렇게 도와주는 사람이 있으니 참 감사한 일이다.

세세한 일을 잘하지 못하는 사람에게는 그것을 보완해 주는 사람이 나타난다.

인생이란 참 흥미롭다.

어느 날, 내가 밥솥에 쌀을 넣고 밥을 하려고 하는데 그날 집에 와 있던 친구가 큰 소리로 "산조 씨, 뭐하는 거야?"라고 말했다.

무슨 일인가 했더니 이렇게 뒤를 이었다. "밥솥을 안 씻었어? 밥알이 붙어 있잖아."

그제야 '밥솥을 꼭 씻어야 하나?'라고 깨달았다.

나는 한 번도 밥솥을 씻어 본 적이 없었다.

내가 부모님과 함께 살고 있을 때는 어머니가 밥을 지어서 쌀을 씻는 모습을 본 적이 없었다. 혼자 살기 시작하고 나서 주방에 서기 시작했는데, 독학이라고 할까, 내 방식대로 집안일을 했다.

그래서 아무도 '밥솥은 씻는 것'이라고 가르쳐주지 않았다. 인간의 근거 없는 생각이란 무서운 것이다.

그 이후 밥솥 냄비를 씻기 시작했지만, 그때까지 씻지 않아도 건강에 문제가 없었으니 씻지 않아도 될지도 모른다.

그런 식이기 때문에 어쩌면 내 방식대로 이상하게 하고 있을 수도 있지만 사는 데 지장이 없다면 걱정하지 않아도 된다고 생각한다. 뭔가 이상하게 하다가 지적을 받으면 그냥 웃고 지나가면 된다.

 ## 사소한 일은 신경 쓰지 않는다

물건 찾기에 지쳐
'벽에 고정'하는 방법을 생각해 내다

나이가 들면, "그거 어디에 뒀더라?", "신문 기사를 오렸는데 못 찾겠네"하고 깜빡깜빡하는 일이 늘어난다.

물건 찾기에 지쳐서 뭔가 좋은 방법은 없을지 생각하다가 좋은 생각이 났다. 식탁 옆의 하얀 벽을 효율적으로 활용하는 것이다.

중요한 물건을 투명한 A4 파일이나 비닐봉지에 담아 압정으로 벽에 고정시킨다.

예를 들어 신문 스크랩 기사, 친구의 편지, 은행 통장,

행사 전단지, 개인적으로 끄적인 메모 등이다.

이렇게 해놓으면 절대 잃어버리지 않는다.

원고나 대본을 쓰면서 '참고용으로 스크랩한 기사가 있었는데?' 하고 생각날 때가 있다.

예전 같으면 잡지와 신문 더미 속에서 찾으려고 안간 힘을 썼겠지만, 지금은 벽에 고정시킨 파일을 보면 바로 찾을 수 있다.

정리 정돈을 좋아하는 사람은 선반이나 서랍 속에 깔끔하게 보관하겠지만 때로는 어떤 서랍인지 잊어버릴 수도 있다. 특히 나이가 들면 치매가 아니더라도 건망증이 심해진다.

내 시야 안에 있으면 금방 찾을 수 있다.

이 방법을 실천한 뒤로는 물건을 찾느라 시간 낭비를 하지 않게 되었다. 내가 생각해도 좋은 아이디어라고 생각한다.

건망증이 심해졌다고 한탄하기 전에 할 수 있는 일이

있을 것이다. 내가 할 수 없는 일에 시선을 돌리지 말고
할 수 있는 것에 초점을 맞추어 생각해보자. 그것이 시니
어 세대를 위한 삶의 지혜다.

 **비닐봉지와 압정은 물건을 찾아 주는 마법
의 도구**

죽은 뒤에 할 일을 정하니 살 기운이 넘친다

나는 지금까지 내가 죽은 후의 일을 생각해 본 적이 없었다.

즉, 세간에서 말하는 '종활(終活, 인생의 마지막을 준비하기 위한 활동)'을 하려고 한 적이 없었다.

지금으로써는 죽을 것 같지 않고 해야 할 일도 많아서 미래에 대해 생각할 겨를이 없었기 때문이다.

얼마 전 한 지인이 자식들에게 '장남에게는 집과 땅'을 주고, '차남한테는 예·적금'을 주겠다는 상속 이야기를 하더니 갑자기 병이 나서 쓰러져 숨을 거두었다. 종활이 그 사람의 죽음을 앞당긴 건 아닐까.

그래서 종활은 아직 먼 이야기라고 생각했는데, 이 책을 쓰면서 세상 사람들은 99세라고 하면 인생이 얼마 남지 않았다고 생각한다는 것을 느꼈다.

나는 자식이 없으므로 내가 죽으면 어떻게 해야 할지를 스스로 결정해야 한다. 99년간 살면서 처음으로 그 사실을 깨달은 것이다.

마침 예전 환자 중에 사망 후 여러 가지 절차를 밟아주는 회사 직원이 있었다. '쇠뿔도 단김에 빼라고' 아파트 등 재산 처분과 죽은 후에는 수목장으로 해달라고 부탁하며 비용도 냈다.

이제 한시름 놓았다. 나머지는 내가 하고 싶은 대로 하면 된다.

병원을 닫았기 때문에 예전 환자분들의 전화 상담을 제외하고는 연극 일에 집중할 수 있다. 종활을 해보니 사후 정리에 대한 걱정도 덜고 삶에 대한 의욕이 더욱 넘치는 것 같다.

종활을 하면 할 일이 없어지고 기분이 가라앉는 사람도 있는 것 같은데, '이제는 죽기를 기다릴 일만 남았다'고 생각하면 남은 인생이 우울할 것이다.

오히려 '앞으로 제2의 인생을 즐길 수 있겠다'고 생각하며 하고 싶은 일에 과감하게 도전해야 한다. 실패하더라도 '하지 말 걸 그랬다'라고 후회할 일은 없을 것이다.

끝이 좋으면 다 좋다

외로워서 죽을 것 같다던
친구가 다른 사람이 된 이유

나는 줄곧 싱글이었지만 특별히 외롭다고 느끼지 않고 살아왔다. 오히려 고독을 사랑한다고 봐도 무방하다.

혼자 있어도 할 일은 많다. 요리, 빨래, 청소만 해도 빠르게 시간이 흘러간다.

그 외에는 혼자 책을 읽거나 사극을 보거나 원고를 쓴다. 또 가장 중요한 일인 극단의 연극 대본을 쓰면서 시간을 보낸다.

이런저런 일들로 바쁘게 살다 보면 고독을 느낄 겨를

조차 없다.

나보다 젊은 60대인 남자가 "매일 할 일이 없어서 한가해요. 외로워서 죽을 지경이에요"라고 해서 "좋아하는 것을 찾으려면 열심히 노력해야 해요. 닥치는 대로 이것저것 해보는 게 어때요?"라고 말한 적이 있다.

그는 등산이나 노래방, 바둑, 장기, 커피전문점 순례, 지역사회의 자원봉사 등 여러 가지에 도전하다가 보호견(일본은 '유기견' 대신 보호받아야 한다는 의미로 '보호견'이라는 용어를 쓴다. - 옮긴이)을 키우게 되었다.

지금은 너무 바빠서 시간이 부족하다고 한다.

어떻게 보호견과 만나게 되었을까? 등산에서 알게 된 사람이 '키워 줄 사람을 찾고 있는 보호견이 있다'고 해서 결단을 내렸다고 한다. 처음이라 어떻게 키워야 하는지 전혀 몰랐지만, 자원봉사자들과 소통하며 배우다 보니 더 많은 사람을 알게 되었다. **'행동했더니 내 삶이 달라졌다'**라고 한다.

무슨 일이 일어나기를 가만히 기다리기만 하면 고독은

사라지지 않는다.

개 산책을 하면서 새로운 친구도 사귄 것 같고 흡사 다른 사람 같이 변모했다.

내 조언을 받고 행동하게 된 것은 까맣게 잊어버린 모양이어서 그건 좀 아쉬웠지만….

젊은 사람이나 노인이나 행동하는 것이 중요하다. 굳이 따지자면 몸을 움직이지 않으면 근육이 빠르게 감소하는 노인에게 더 중요하다고 할 수 있겠다.

남 일이 아니다. 오늘도 늙은 몸에 채찍질을 하며 부지런히 장을 보러 나간다.

 노인이야말로 행동해야 한다!

100세에 이루고 싶은 꿈이
눈앞에 다가왔다

99세가 되기까지 나는 부모님을 비롯해 많은 친구와 지인을 떠나보냈다. 나도 언젠가는 죽겠지만 지금은 전혀 죽을 기미가 보이지 않는다.

뒤로 넘어져 머리를 부딪치거나 허리를 다친 적은 있어도 몸 상태가 저조하다거나 어디가 아프거나 하진 않다. 아직도 더 살 수 있다는 생각이 든다.

친구들은 "덜렁이여서 교통사고가 나거나 넘어져서 머

리를 부딪쳐서 가는 거 아냐?"라고 한다. 쓸데없는 참견이긴 하지만 그럴지도 모른다.

내가 죽을 때의 일은 전혀 상상할 수 없지만, 괴로워하다가 죽고 싶지는 않다.

병상에 누워서 주변 사람들의 보살핌을 받는 것도 사양하고 싶다.

편안하게 어느 날 덜컥 가는 게 이상적이다. 흔히 배우들이 '무대 위에서 죽고 싶다'라고들 하는데 실제로 그런 일이 벌어지면 다른 사람들에게 큰 폐를 끼치게 되니 그것도 곤란하다.

내가 이 세상에서 사라진다고 생각하면 두렵다. 나는 저세상이나 천국을 믿지 않는다.

그저 나라는 육체가 사라지는 거로 생각한다. 이 세상에서 사라져 아무것도 할 수 없게 되는 것은 정말 두려운 일이다.

나이를 생각하면 언제 죽어도 이상하지 않지만 지금 죽음을 생각한들 무슨 뾰족한 수가 있을까. **불안이 뇌리**

를 스칠 때는 '다음에는 무엇을 할까?'라고 생각하도록 노력한다.

나는 100세가 되면 그 기념으로 일인극을 해보고 싶다. 이미 대본은 준비가 되어 있다. 앞일은 모르겠지만 말이다.

분명 그때가 되면 '다음에 할 일'을 또 정해놓았을 것이다. 이렇게 죽을 때까지 계속 달려갈 것이다.

'다음엔 이걸 하자'라고 생각하며 마지막 여행을 떠나고 싶다

PART 5

스트레스는
씩씩하게 피한다

속마음을 감추고 그 자리를 넘긴다

내가 살아온 시대는 남녀평등이 아니어서 지금은 성희롱에 해당하는 언행을 거리낌 없이 할 수 있었다.

병원에서 일했을 때는 항상 술자리에서 술을 따르도록 했는데, 당시에는 싫다고 거부할 수 없었다. 그런 말을 하면 '여자가 건방지다'는 말을 들을 뿐만 아니라 병원에서 일하는 데도 지장이 있었기 때문이다.

당시에는 "저는 눈치가 없어서 술을 잘못 따라요. 죄송합니다"라고 어찌어찌 그 자리를 넘기곤 했다. 그렇다고 할까, 나는 정말로 눈치가 없어서 옆 사람의 잔이 비어도 멍하니 있을 뿐 빈 잔에 재빨리 술을 따라주지 못했다.

그렇게 해서 '눈치 없는 여의사'라는 이미지를 확립했다고 할 수도 있다. 일단 그런 이미지가 생기면 끈질기게 술을 따르라고 하지 않는다. '술도 못 따르는 바보'라며 쥐어박혀도 '하하하'하고 웃음으로 얼버무렸다.

내심은 '바보 같으니, 누가 따라 준대?'하고 생각했다. 그럴 때는 술도 못 따르는 눈치 없는 여자를 연기하는 것이다. 극단에서는 여배우로서 연기 연습을 하고 있었으니 하나도 어렵지 않다. 모든 일에 자신의 감정을 드러낼 필요는 없다.

술자리에서는 "산조, 너 글래머구나"라고 말했다. 지금이라면 성희롱으로 고소당할 만한 말도 일상다반사였지만, 그것도 웃으며 받아넘겼다. 당시는 억울함을 호소하는 것이 더 이상했던 시절이라 어쩔 수 없었다.

병원에서도 여의사가 주도적으로 일하면 '건방지다'는 말을 들었다. 실제로 그런 여의사도 있었는데, 그러면 일이 잘 돌아가지 않았다. 못되게 구는 남자 의사들이 있었기 때문이다.

나는 "죄송해요, 잘 몰라서요"라고 하며 그 자리를 넘겼다. 속으로는 분하고 억울했지만 '화를 내면 지는 것'이라고 생각했다.

배우 생활을 하다 보니 눈물 연기도 잘할 수 있었다. '이런 것도 못하냐'고 심하게 혼나면 눈물을 한 방울 흘리며 죄송하다고 사과했다. 그러면 '알았어, 알았어'라며 넘어가 주었다. 속으로는 혀를 내밀면서도 '감사합니다'라고 인사하면 상대는 언제 그랬냐는 듯이 하나하나 찬찬히 가르쳐주었다.

같은 여자가 보기에는 '여우같이 요령만 부린다'고 생각했을 것이다. 당시의 나는 여자의 적으로 보였을 수도 있겠다.

하지만 그때는 그런 시대였다. 지금처럼 여성의 권리를 인정받는 세상이라면 목소리를 낼 수도 있지만, 당시에는 성희롱이라는 용어 자체가 없었고 불만을 제기할

분위기도 아니었다. 그런 면에서 요즘 시대의 여성들이
부럽다.

　인간관계로 고민이 많다면 자신을 배우라고 생각하고
나처럼 연기를 해보는 게 어떨까. 세상을 살아가는 방편
중 하나일 수 있다.
　그러면서 때와 상황에 따라 자기주장을 하면 된다. 기
회주의자 같다고? 스트레스 때문에 마음이 병드는 것보
다는 훨씬 낫다고 생각한다.

 때로는 연기로 나 자신을 지킨다

"야, 이 나쁜 놈아!"하고 외치며 스트레스를 발산한다

극단을 꾸려나가다 보면 다양한 사람과 인연을 맺게 된다. 함께 연습할 때도 의견이 맞지 않거나 충돌하기도 한다. 연극계도 아직은 남성 위주의 사회여서 여성을 폄훼하는 말을 들을 때도 있다.

그럴 때는 화장실로 달려가 큰소리를 지른다. 마음속으로 '이런 바보 같은 것들!'이라고 생각하면서 말이다. 그러면 약간은 속이 시원해진다.

화장실 문을 열고 실내에 있는 상대에게도 들릴 정도

로 크게 외치는 것이다.

그러면 내 분노가 조금은 전달이 된다. 대놓고 반박하거나 불만을 제기하면 충돌이 생기지만, 이 방법이라면 간접적으로 상대에게 전달되기 때문에 조금은 반성하는 것 같다.

또 명절에 파는 화과자를 사서 포장지로 싸여 있는 채로 집에 있는 식탁 모서리에 내리쳐서 부수기도 한다. 꽤 힘이 필요하기 때문에 하다 보면 짜증이 가라앉는다.

"야, 이 나쁜 놈아!"하고 외치면서 하면 효과 만점이다. 속이 시원해질 거라고 보장할 수 있다. 기분이 나아지면 부서진 화과자를 맛있게 먹는다.

화과자가 없을 때는 신문지를 돌돌 말아서 책상을 내리치거나 찢어서 벽에 던지기도 한다. 접시를 깨뜨리면 아깝지만, 신문지는 휴지통에 휙 버리면 그만이다.

우는 것도 스트레스 해소에 도움이 된다. 나는 억울해서 운 적이 여러 번 있다. 그 자리에서 참았다가 혼자 있을 때 엉엉 울었다. 아무도 괴롭히지 않는 방법이며 우는 행위 자체가 기분을 진정시키는 효과도 있다.

또 나는 연극에서 악역을 하는 것을 좋아하는데, 악역은 거친 말을 많이 한다. "이 나쁜 놈아!"라거나 "이 자식아!"고 외친다.

이런 대사는 일상생활에서 실제로 잘 쓰지 않는 말이다. 하지만 연극에서는 당당하게 외칠 수 있고 의외로 스트레스가 풀린다.

내가 생각보다 오래 사는 이유는 소리를 질러서 스트레스를 자주 발산해 스트레스가 쌓이지 않기 때문일지도 모른다.

여기서부터 의사로서 내 의견이지만, 스트레스를 자주 해소하는 습관을 들이는 것은 매우 중요하다.

 큰소리로 외치면 기분이 상쾌해진다

말과 고양이로 힐링한다

지금은 아니지만, 병원에 근무했을 때는 말을 좋아했다. 경마가 아니라 말이라는 동물 자체를 좋아했다.

경마를 좋아하는 병원 선배가 있어서 우연히 TV에서 경마 중계를 본 것이 계기가 되었다. 그전에는 전혀 관심이 없었지만, 달리는 경주마의 아름다움에 넋을 잃고 말았다. 말의 날렵한 형태에 푹 빠진 것이다.

경마장에 간 것은 딱 한 번이었다. 그때 경주마를 만져봤는데, 근육질의 탄탄한 몸이 인상적이었다. 말의 아름다움은 날렵한 체형에 있다고 감탄했던 기억이 난다.

시험 삼아 마권도 몇 번 샀는데 '초심자의 행운'으로 두 번 정도 이겼다. 그런 경험을 하면 경마에 푹 빠지는 사람도 있지만, 나는 도박에 관심이 없었고 오로지 경주마를 볼 뿐이었다.

특히 테이타니야라는 암말에 빠져들었다. 일본 경마장의 삼관왕 중 오카쇼와 오크스를 수상한 명마인데, 나는 그 이름에 끌렸다. 테이타니야의 영어 스펠링인 'Titania'를 그대로 발음하면 '티타니아'인데 이것은 셰익스피어의 희곡 《한여름 밤의 꿈》에 등장하는 요정의 여왕과 일치한다.

요정 티타니아를 좋아했던 나는 같은 이름을 가진 경주마를 보기 위해 경마 중계를 챙겨봤다.

방에 사진도 붙여 놓았다. 사진을 보기만 해도 마음이 누그러진다고 할까, 스트레스가 풀리는 느낌이었다.

말뿐 아니라 동물이라면 뭐든 좋아한다. 예전에 부모님 집에서 고양이를 키운 적도 있어서 고양이도 무척 좋아한다. 고양이를 친구라고 느낄 정도로 고양이의 부드러움과 안았을 때의 감촉이 정말 좋았다.

보송보송한 털을 만지면 기분이 좋다. 쓰다듬어 줄 때 고양이도 기분이 좋았겠지만 나도 마음이 편안하다.

고양이는 나처럼 마이페이스 성향이다. 개와 달리 주인에게 순종하지 않는 점도 좋았다.

아쉽게도 지금은 고양이를 키우지 않는다. 고양이를 키우고 싶어서 일부러 지금 집으로 이사했지만, 그 뒤 관리규약이 바뀌어 반려동물 금지가 되었다. 충격적인 일이었다. 뭐 때문에 이사한 건지 모르겠다.

지금은 고양이 인형을 사서 방 곳곳에 두고 있다. 실제로 고양이를 키우면 먹이를 주고 용변을 처리해주는 등 여러 가지로 손이 많이 가기 때문에 '인형이 딱 좋다'고 생각한다.

진짜 고양이를 보고 싶으면 동네에 있는 반려동물 가게에 귀여운 아기 고양이를 보러 간다. 보기만 하는 건 무료이다.

극단의 연습실 주변에는 동네의 길고양이라고 할까, 고양이를 좋아하는 사람들이 돌보는 고양이가 몇 마리 있는데, 그런 고양이들을 보면서 매일 힐링을 한다.

 정기적으로 고양이를 보며 힐링한다

안 좋은 일이 있는 날은
사극을 보며 시름을 잊는다

나는 원래 TV를 잘 보지 않지만, 사극은 가끔 본다. 케이블 TV에 사극 전문 채널이 있어서 보고 싶을 때마다 볼 수 있다.

사극의 좋은 점은 권선징악이라는 점이다. 선인과 악인이 분명하게 나뉘어 있고 마지막에는 정의가 승리한다. 그래서 안심하고 볼 수 있다.

어떤 사람들은 '사극은 줄거리가 비슷비슷하고 결론도 뻔해서 재미가 없다'라고 말하지만, 실은 그게 좋다. 복잡

한 스토리는 머리가 아프다.

부부가 헤어지거나 부모 자식이 생이별하는 등 눈물을 유도하는 장면에서 나는 어김없이 눈물을 흘린다. 휴지로 눈물을 닦으며 끝까지 본다.

세상을 둘러보면 러시아가 우크라이나를 침공하고 이스라엘과 팔레스타인이 충돌하는 등 가슴 졸이고 우울해지는 일이 가득하다. 사생활에서도 종종 불쾌한 일이 생긴다. 그럴 때일수록 울기도 하고 화를 내기도 하면서 마지막에는 검을 휘두르며 멋지게 이기는 단순 명쾌한 사극이 마음을 달래준다.

다 보고 나면 **마음속에 쌓여 있던 불만과 두려움에서 벗어나 마음이 편안해진다.**

지금은 엔화 약세와 우크라이나 전쟁의 영향으로 물가가 올라 서민들의 생활이 점점 어려워지고 있다. 먹고 살기 무척 힘든 시대다. 적어도 드라마 속에서만이라도 해피엔딩이었으면 좋겠다. 사극을 보는 동안에는 어려운 현실을 잊을 수 있다.

사극을 보는 시간은 나에게 일상을 벗어날 수 있게 하
는 귀중한 한때이다.

 집에서도 손쉽게 현실에서 벗어날 수 있다

좋아하는 책과 만화로 기분 전환한다

나는 무대 여배우지만 극작가이기도 해서 책을 자주 읽는다. 대본을 쓸 때는 그 이야기의 역사적 배경과 인물상, 상황 등을 조사한다. 그것을 모르면 정확한 장면을 묘사할 수 없기 때문이다. 의상 하나만 해도 시대에 따라 디자인이 다르므로 확인이 필요하다.

그럴 때는 어려운 책을 몇 권이나 읽어야 한다. 일로써 읽다 보니 시간이 지나면 머리가 띵해진다.

좀 쉬고 싶을 때는 단것을 먹거나 낮잠을 자기도 하는

데 다른 책을 읽는 것도 휴식이 될 수 있다. 머리를 쉬게 하기 위한 독서이므로 부담 없이 읽을 수 있는 책을 선택한다.

예를 들어 이케나미 쇼타로(池波 正太郎)의 역사소설은 몇 번이나 읽는 편이다. 내용이 너무 재미있어서 술술 읽힌다. 머리를 쓰지 않아도 되기 때문에 읽기 편하다.

옛날부터 역사를 좋아했기 때문에 그 연장선상에서 역사소설에 푹 빠진 것 같다. 소설은 사농공상이라는 신분 제도가 존재했던 에도시대가 배경인데 의리와 인정이 얽힌 인간군상이 펼쳐진다. 그 점이 흥미를 자아낸다.

역사소설 외에 만화책도 머리를 식혀준다.

"만화책도 보세요?"라고 놀라는 사람도 있지만 99세도 만화책을 즐길 수 있다. 더욱이 나는 훈훈한 내용보다는 《북두의 권》이나 《고르고 13》 같은 하드보일드나 액션물을 선호한다.

모두 남성을 대상으로 한 만화이지만 이렇게 투쟁심

을 불러일으키는 만화책을 보면 왠지 기운이 솟는다.

만화책은 어린이나 읽는 것으로 생각하는 사람도 있
겠지만 그렇지 않다. 어른이 읽어도 의외로 푹 빠질 수 있
는 것이 만화책이다.

 만화책은 나이와 상관없이 즐길 수 있다

혼자 떠나는 작은 여행이 좋다

여행을 정말 좋아해서 종종 혼자 여행을 떠난다. 여행이라고 해서 멀리 가진 않고 간토평야가 내 단골 여행지다. 내 고향이기도 하고 평지를 좋아하기 때문이다.

그중에서도 이바라키현 미쓰카이도(水海道)에 자주 찾아간다. 지금은 조소시(常総市)에 해당한다. 유명한 관광지가 아니라 평범한 마을인데, 그런 곳을 천천히 걷고 있으면 기분이 상쾌해진다.

사람들로 붐비고 비슷비슷한 기념품 가게가 많은 관

광지에서는 마음이 안정되지 않는다. 나는 어디에나 있을 것 같은 주택가를 좋아한다. 사람들의 생활감을 물씬 풍기는 점이 매력적이다.

나의 여행 신조는 '마음 내키는 대로'다. 숙소도 정하지 않고 현지 노선을 타고 마음이 내키는 곳에서 내린다. 차창 밖 풍경을 보면서 '여기 괜찮겠다'고 생각한 순간이 바로 하차할 때다. 《남자는 괴로워》의 주인공 토라(寅さん) 씨처럼 혼자 떠나는 여행이다.

지금도 생생하게 기억나는 일화가 있는데, 늘 그렇듯이 현지 노선의 열차를 타고 있었다. 차창으로 오래된 여관이 보였다. 직감적으로 이거다 싶었고 다음 역에서 서둘러 내렸다.

여관에서 나온 토란찜이 별미여서 그 맛이 지금도 기억에 남는다. 관광지의 유명한 여관은 제공하는 요리가 정해져 있다. 생선회에 튀김, 전골 등인데, 모두 비슷비슷한 맛이다.

그에 비해 **오래된 여관에서 나오는 요리는 고급스럽지**

는 않지만, 말로 표현할 수 없는 풍미가 있다. 평범한 가정 요리이지만 그 지역에서 나는 채소를 사용해 다른 곳에서는 보기 어려운 요리가 나오기도 한다. 그런 의외성도 즐거움 중 하나다.

지금은 여자 혼자 하는 여행이 드물지 않지만, 내가 4~50대 때는 그런 사람이 거의 없어서 예상치 못한 어려움을 겪었다.

숙소도 정하지 않고 갑자기 내린 다음에는 일단 역 창구나 역 앞 파출소에 가서 "숙박할 만한 여관이 있나요?"라고 묻는다. 그러면 반드시 "혼자예요? 여행 온 거예요?"라고 몇 번이나 되묻는다.

당시 여자 혼자 여행은 자살하려는 사람이 아닌가 의심받는 경우가 많았기 때문에 그럴 만도 했다. 내가 "혼자 여행 왔는데, 무슨 문제라도 있나요?"라고 하면 그제야 숙박할 곳을 소개해줬다.

안내받은 여관 주인으로서도 역장이나 파출소 순경이 소개해주면 안심하고 묵게 해준다. 이렇게 해서 한 건 해결이다. 짐을 두고 근처를 가볍게 산책한다. 아타미와 같

은 유명 관광지와 달리 한적하고 낯선 거리를 걷는 것이
기분 좋다.

혼자가 아니라 여러 명과 함께 여행할 때는 이즈나 하
코네 같은 관광지에 간다. 미리 여관도 예약하고 온천에
몸을 담근다. 함께 가는 사람들이 있으니 그건 그것대로
즐겁다.

단 혼자 하는 여행은 다른 사람을 신경 쓸 필요가 없어
서 기분전환에 안성맞춤이다.

여행을 좋아한다면 해외여행도 자주 갈 것으로 생각
하겠지만, 그렇지 못한 이유가 있다. 나는 극도의 고소
공포증 때문에 비행기를 탈 수가 없다.

이 얼마나 슬픈 일인가.

살면서 딱 한 번 학회에 참석하기 위해 국내선 비행기
를 탄 적이 있다. 그때는 도저히 살아 있다는 느낌이 들지
않았다. 창밖을 보면 구름이 떠 있어서 아무리 부정하고
싶어도 내가 하늘 위에 있다는 것을 알 수 있었다.

무서워서 죽을 것 같았다. 동료에게 비행기 날개 부분

에 있는 좌석으로 바꿔줄 수 있냐고 부탁했다. 그렇게 하면 창문 너머로 비행기 날개밖에 보이지 않기 때문이다. 그래도 비행기가 날아가는 동안은 고행 그 자체였다.

'비행기만 탈 수 있다면 학회 명목으로 해외에 갈 수 있었을 텐데'하는 아쉬움이 남는다.

역시 나는 땅에 발이 붙는 철도나 버스로 이동하는 편이 안심이다. 마녀는 마녀라도 하늘을 날지 못하는 마녀인 것 같다.

 마녀의 조언

마녀에게도 약점은 있다

PART 6

그저 좋아하는 일을
하고 있을 뿐

의사와 연극이라는
두 마리 토끼를 잡으려 한 이유

내가 연극에 눈을 뜬 것은 6살 때였다. 아버지가 연극을 좋아해서 자주 나를 데리고 극장에 가곤 했다.

그날은 막심 고리키의 《밑바닥에서》라는 작품을 보러 갔다. 내용을 잘 이해하지는 못했지만, 거기 등장하는 악녀 바실리사에게 시선이 고정되었다. 그녀가 창가에서 통쾌하게 웃는 모습은 어린 마음에도 멋있어 보였다.

악녀든 뭐든 그런 건 상관없었다. 집에 돌아와서도 '연극을 하고 싶다. 바실리사를 하고 싶다'고 종알거렸다. 너무 흥분해서 열이 날 정도였다.

그런 내 모습을 본 어머니가 "애한테 왜 그런 걸 보여 줬어요!"라고 화를 냈던 기억이 난다. 아버지는 아무 말 못하고 가만히 있었다.

그 이후 내 마음은 '연극을 할 거야'라는 생각뿐이었다. 그렇지만 어떻게 하면 연극을 할 수 있는지 전혀 알 수 없었다.

초등학교를 졸업한 뒤 시험을 보고 들어간 중학교는 현모양처를 육성하는 여학교였다.

'연극 따위는 불량한 것'이라며, 연극의 '연' 자도 입에 담을 수 없는 분위기였다.

유일한 예외는 영어 선생님이 영어 연극을 허락해준 것이었다. 그것도 몰래 말이다. 체육 선생님에게 들키면 천박하다고 혼이 나기 때문이다. 그 정도로 연극은 혐오의 대상이었다. 함께 연기하던 학생들은 영어를 사용하는 연극이기 때문에 했을 뿐이지 연극을 좋아하는 사람은 없었다.

그래도 연극에 대한 열정은 식지 않았다. 내 마음속에는 꺼지지 않고 타오르는 작은 불이 있었다.

여학교를 졸업할 때 진로를 어떻게 해야 할지 고민했다. 부모님은 '마음대로 하라'고 했지만, 사실은 내가 의사가 되기를 원했다.

특히 의사였던 어머니의 기대가 커서 도저히 배우가 되고 싶다고 털어놓을 수 없었다.

게다가 그때나 지금이나 배우가 된다는 것은 가난하게 산다는 걸 의미한다. 세상 물정 모르는 내가 쉽게 뛰어들 수 있는 분야가 아니었다.

그래서 우선 의사가 되어 돈을 벌 수 있게 된 다음 배우를 목표로 하자고 생각했다.

그런 한편으로 나는 이공계 머리가 아니니까 의과대학에 응시했다가 떨어지면 부모님도 포기할 거라는 막연한 기대감이 있었다.

그런데 합격선 아슬아슬하게 붙고 말았다. 만약을 위해 문과대학도 응시했는데 이것도 합격했다. 특히 영어

성적이 좋아 대학에서 꼭 오라는 편지까지 받았다.

고민이 많았지만, 부모님의 기대를 저버리고 싶지 않았고 의사가 되면 돈을 벌어서 독립할 수 있겠다고 생각해 미적지근한 마음으로 도쿄여자의대에 입학했다.

입학 후에는 서투른 물리와 화학, 수학 때문에 꽤나 고생했다. 하지만 기초수업이 끝나고 인체에 대한 수업이 시작되자 갑자기 수업이 재미있어졌다.

의사는 신체적 관점에서 인간을 이해하지만, 연극은 정신적, 사회적 관점에서 인간을 탐구한다.

둘 다 공통점이 있음을 발견하고 의사와 연극이라는 두 마리 토끼를 잡을 수도 있겠다고 생각했다.

그렇게 해서 뜻을 이루었다.

마침내 의사가 된 것이다.

98세까지 주 5일을 일했지만 '돈 먹는 하마'인 극단을 운영하다 보니 생활은 언제나 빠듯한 상태였다.

하지만 나는 **사람의 일생은 '얼마나 경제적으로 풍요**

로웠는지'가 아니라, '좋아하는 일에 얼마나 열중했는지'
로 결정된다고 생각하기 때문에 눈곱만큼도 후회하지 않
는다.

그렇다고 '매일이 장밋빛'은 아니었고 시련이 닥치기도
했다. 물론 그때마다 오뚝이처럼 일어나 이것이 인생이
라고 생각하며 즐기려고 노력한다.

인간은 본래 좋아하는 것만 계속할 수 있다

병원 진료에도 연기가 도움이 된다

병원에는 다양한 환자들이 온다. 나는 연극배우이므로 필요하면 환자에 따라 다르게 대응한다.

어느 날, 한눈에 봐도 '양아치' 티가 폴폴 나는 젊은 남자가 찾아왔다. 의자에 앉으라고 하고 콧구멍에 기구를 집어넣자마자 "아파! 아파! 아파!"하고 소리를 질렀다.

엄살이 왜 이리 심한가 생각했다. 어린이를 제외하고는 통증을 호소하는 환자들이 전혀 없기 때문이다.

무시하고 계속 진료를 봤더니 또 소리를 질렀다.

"아프다니까! 좀 조심하란 말이야!"

조심하고 말고 간에 기구를 넣지 않으면 진료 자체를 볼 수가 없다. 보기에도 허세를 부리는 것이 빤해서 이렇게 받아쳤다.

"시끄러워! 엄살 부리지 말아요!"

그랬더니 갑자기 쥐 죽은 듯 조용해졌다. 내심 호통치길 잘했다고 생각했다. 사실은 소심한 청년이었다. 그런 사람들에게는 따끔하게 한마디 해주는 것이 잘 먹힌다.

그리고는 순조롭게 진료를 할 수 있었다.

물론, 나이 든 환자에게는 정중하게 대한다. 점잖은 환자들이 오면 "코가 불편하신가요?", "약을 좀 지어드릴까요?"하고 문진한다.

이렇게 공손한 말씨는 여학교에서 배웠다. 나는 평민 집안에서 태어났지만, 도쿄 중심부에서 살아서 주로 잘사는 집 아가씨들이 가는 학교에 입학했다.

반 친구들은 모두 귀족과 정치인, 관료의 딸이었다. 우리 집에서는 가족들끼리 격의 없이 반말을 주고받았지만,

학교에서도 그렇게 말하면 나만 겉돌게 된다.

로마에 가면 로마의 법을 따르라는 말이 있듯이 학교에서는 내숭을 떨며 지냈다. '나는'은 '저는', '아빠가'는 '아버지께서', '엄마가'는 '어머니께서'라고 깍듯이 말해야 하는 곳이었다.

일본의 황족을 접견할 때 차를 내오는 법도 배웠다. 예의범절에 대한 지도가 철저한 학교였다.

덕분에 연극에서 귀족 역할을 할 때는 정말 자연스럽게 할 수 있다. 어린 시절의 따분하고 재미없는 경험이 이렇게 어른이 되고 나서 도움이 될 줄은 생각하지도 못했다. 모든 경험은 어떤 식으로든 도움이 되나 보다.

 연기를 배우면 어려움을 넘길 수 있다

여의사를 싫어하는 환자도 있다

진료를 보다 보면 화가 날 때가 있다.

나이 든 환자 중에는 내 얼굴을 보자마자 "여자는 실력이 없어서 안 돼. 남자 선생님은 없나요?" 하는 사람이 있다. 이 얼마나 무례한 말투인가?

심지어 이런 말을 하는 사람들 대부분은 남자가 아니라 여자다. 무의식적으로 남자가 여자보다 뛰어나다고 생각하는 것일까.

나는 남녀 간에 능력의 차이가 없다고 생각하기 때문

에 그런 환자를 만나면 실망스럽다.

실제로 진료를 받은 후에 치료가 서툴렀다거나 병이 낫지 않았다고 지적한다면 몰라도, 치료를 하기 전부터 '실력이 없을 것'이라고 단정하는 이유가 뭘까?

그래도 그런 사람들은 실제로 존재한다. 그런 현실을 받아들일 수밖에 없다. 화를 내도 어쩔 수 없는 일이다.

반면에 내가 마음에 들어서 일부러 찾아오는 환자도 많다. 이미 수십 년 동안 진료를 해왔기 때문에 거의 친구 같은 사이다. 그런 환자와 대화하는 것은 정말 즐겁고, 때로는 세상 이야기로 발전하기도 한다.

'의술은 인술'이라는 말이 있다. **환자의 증상뿐만 아니라 가족 관계 등을 파악하는 것이 돌고 돌아 증상 개선으로 이어질 수도 있다.**

또 그때 신경 쓰이는 일들을 수다를 떨 듯이 나에게 이야기함으로써 환자의 스트레스가 해소될 수도 있다.

환자의 이야기를 경청하는 것도 의사의 의무라고 생각한다.

나는 환자들과 진심으로 대화하고 싶다. 그것은 환자
뿐 아니라 친구나 지인, 극단 동료와의 관계에도 해당한
다. 내가 먼저 성의를 갖고 대하면 상대방도 반드시 마음
을 열기 마련이다.

 화를 내도 소용없는 일에는 화내지 않는다

★ 때로는 시어머니의 비위도 맞춰준다

어느 날, 초등학교 1학년 정도인 아이가 어머니에게 이끌려 병원에 왔다. 물어보니 혼자서 자기 귀를 긁어서 귀밑이 부어 있었다고 한다.

진찰을 해보니 고름이 쌓이고 귀밑이 부어올라 있었다. '이건 째야겠구나'라고 생각해서 어머니에게 전했더니 "그건 좀……"이라고 난감해했다.

이야기를 잘 들어보니 시어머니가 '백초환(百草丸)을 먹이고 있으니까 괜찮아. 의사한테 안 가도 된다. 이제

나을 거야'라며 좀처럼 병원에 보내주지 않았다고 한다. 귀밑이 붓는 것을 걱정한 어머니가 시어머니의 눈을 피해 간신히 데려왔다고 한다.

시어머니가 먹인 백초환은 선사시대 유적에서도 출토된 황백이라는 생약이 주성분인 약으로 위장 기능을 좋게 한다. 즉, 위장약이다.

그것을 먹었다고 해서 염증을 동반하는 외이염을 낫게 해주진 못한다. 어머니에게는 "이 부위를 째서 고름을 빼면 금방 나을 거예요"라고 설명하며 환부에 메스를 댔다. 확 튀어나오는 고름을 닦아내자 통증이 가셨는지 아이가 울음을 멈추었다. 그러자 얼마 안 되어 얼굴의 부기도 빠졌다. 어머니도 안심한 듯 미소를 지었다.

이것으로 한 건 해결했다고 생각했지만, 끝이 아니었다. 시어머니가 화가 머리끝까지 나서 전화를 한 것이다.

"내 손자 얼굴에 메스를 대다니 무슨 짓이에요!"

흥분한 시어머니에게 나는 부드럽게 말했다.

"어머님께서 백초환을 먹이신 덕분에 고름이 말끔히

빠졌습니다." 그러자 수긍한 듯 "아, 그렇군요. 고맙습니다"하고 말하며 전화를 끊었다.

'하얀 거짓말'이라는 말이 있듯이 며느리를 혼내지 않도록 하는 것도 의사가 할 일이다. 마냥 솔직하게 대응하는 것만이 능사가 아니다.

하얀 거짓말을 잘 활용한다

인생은 예상치 못한 사건의 연속

요즘 병원에 가면 '환자분'이라는 호칭이 귀에 들어온다. 옛날에는 의사들이 '환자는 의사 말만 들으면 된다'고 오만하게 굴곤 했다.

지금도 그런 의사들이 있겠지만, 최근에는 병원 경영이 어려워져서 환자를 고객으로 대우하지 않으면 안 되는 세상이 되었다.

시대가 그러하다면 동네 의사인 나도 그런 흐름을 따라야겠다고 생각해서 어느 날, 공손하게 "환자분, 오늘은

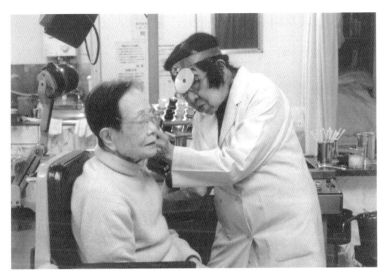

이래 봬도 환자를 볼 때는 정말 진지하다.　　　　　　　ⓒ松本佳子
진료를 마치면 잡지를 읽으면서 쉰다.

무슨 일로 내원하셨나요?"라고 물었다. 그러자 "선생님, 왜 이러세요? 장난치지 마세요"라고 하는 게 아닌가.

　나는 환자들을 친구나 친척처럼 대해왔다. 큰 병원처럼 '나는 돈을 내는 사람'이고 '너는 환자를 보는 사람'으로 딱 자른 관계가 아니라 **함께 병과 싸우는 동지 같은 사이였다.** 그러니 '환자분'이라는 호칭은 동네 의사에게는 어울리지 않는 것 같다.

　어느 날, 목 깊숙이 편도선이 부었다는 환자가 왔다.

안쪽을 살펴보니 고름이 차 있는 것이 보였다.

"이건 약간만 째면 금방 나을 거에요."

그렇게 말하고 메스를 들이대자마자 고름이 힘차게 획 날아가 내 눈에 들어갔다.

나는 "으악!" 소리를 지르며 뒤집어졌다. 환자는 입을 떡 벌린 채 멍하니 있었다.

곧바로 수돗물을 틀어 놓고 눈을 가까이 가져갔다. 물로 여러 번 씻기를 몇 분 동안 이어졌다. 비로소 평정심을 찾았지만 오랜 이비인후과 의사를 하면서 이런 적은 처음이었다. 물론 환자는 걱정하는 눈치여서 미소를 지으며 "가끔 있는 일이에요"라고 말하며 태연한 척했다.

오래 살다 보면 이런 코미디 같은 일도 겪는다. 그래서 인생이 재미있다.

 때로는 동요하는 편이 더 인간다워 보인다

화재경보기에 도움받는 날들

나는 요리를 하는 중에도 주방을 떠나 거실 테이블에서 일할 때가 있다. 원고를 쓰거나 대본을 쓰는 등 여러 가지 일을 한다. 그러다 가스레인지에 냄비를 올려놓은 것을 까맣게 잊어버린다.

요즘의 가스레인지는 냄비가 눌어붙어 연기가 나면 경고음이 울려서 알려주는 등 무척 편리하다.

그런 일이 여러 번 있었다. 황급히 주방으로 뛰어가도 이미 늦었다. 눌어붙은 냄비는 아무리 빡빡 씻어도 떨어지지 않는다. 냄비를 도대체 몇 개나 망가뜨렸는지 모르겠다. 10개는 족히 넘지 않을까.

어느 날 갑자기 화재경보기가 인공적인 목소리로 "불났어요! 불났어요!"하고 외친 적이 있다. 도대체 무슨 일인가 하고 당황했다. 평소에는 경고음이 울릴 뿐인데 그때는 "불났어요!"를 끝없이 외치는 것이다. 어느새 설정이 업데이트된 것일까? 기계 작동을 전혀 못하는 나로서는 이해할 수 없는 일이었다.

'아차! 가스레인지에 냄비를 올려놓고 있었지'라고 떠올리며 황급히 주방으로 갔다.

바로 불을 껐지만 그래도 "불났어요! 불났어요!"하고 계속 떠드는 것이다. 뭐가 뭔지 몰라서 벽에 있는 버튼을 닥치는 대로 눌렀다.

지금도 어떻게 음성이 멈추었는지 모르겠다. 마침내 고요함을 되찾았지만, 냄비는 새까맣게 탔고 무엇을 끓이고 있었는지도 모를 정도였다.

이런 실수를 할 때마다 '주방에서 불을 쓸 때는 옆에 있어야겠다'고 반성하지만 얼마 후에는 까맣게 잊고 다시 거실 테이블에서 일한다.

화재경보기가 없던 시대였다면 불이 났을 것이다. 요즘에는 안전장치가 완비되어 있어서 정말 도움이 된다.

다시는 그런 일이 없기를 바라지만 사람의 마음이 아침저녁으로 다르듯이 또 그렇게 할지도 모른다. 말 그대로 화재경보기의 도움을 받고 사는 인생이다.

어쩌다 하는 실수가 반복되지 않도록 한다

★ 연극을 위해서라면 다이어트도 불사한다

내가 50대였을 때는 비교적 살이 찐 편이어서 연극 의
상이 들어가지 않는 경우가 꽤 있었다. 무대 여배우는 외
모도 중요하기 때문에 살이 쪘으니 옷을 크게 만들라고
할 수는 없다. 무조건 살을 빼야 했다. 공연 날짜는 정해
져 있으니 그날까지는 살을 빼야 한다.

세상에 다이어트 방법은 수없이 많지만 내가 살을 빼
는 방법은 딱 한 가지였다. 한 달 동안 같은 과일만 계속
먹는 것이다. 그 외에는 식사를 전혀 하지 않는다.

예를 들어 바나나를 하루에 한 개만 먹는다. 친구에게 말하면 "에이, 거짓말이지!?"하고 놀라지만, 이렇게 하면 다이어트에 실패하지 않는다. "배고프지 않아?"라고 물어 보는데 물론 배가 고프다. 너무 고파서 음식이 꿈에 나올 정도다. 괴롭기 짝이 없다.

무대 여배우가 아니면 이렇게 무모한 다이어트는 하지 않았을 것이다. 내가 좋아하는 연극을 위한 것이어서 힘들어도 할 수 있었다. 인간은 정말 좋아하는 것을 위해서라면 무엇이든 할 수 있는 것 같다.

바나나 외에는 오렌지 다이어트도 했다. 오렌지도 하루에 1개만 먹는다.

2022년 4월에 기노쿠니야홀에서 공연한 연극에서는 외국인 역할을 맡았다. 공연 며칠 전부터 식사량을 약간 조절해 허리가 잘록한 드레스를 입었다.

한 달에 5~6kg은 뺄 수 있다. 의상도 잘 들어간다.

다이어트를 하는 음식으로 '과일'을 선택한 이유는 간편하기 때문이다.

'채소만 먹는 다이어트'가 몸에는 더 좋을지도 모르지만, 채소를 썰고 졸이는 등 만드는 도중에 점점 종류나 양이 추가될 수 있다.

아깝다고 다 먹어 버리면 살이 빠지지 않는다.

빨리 살을 빼려면 먹는 양을 줄이는 것이 최고이므로 바나나 1개, 오렌지 1개와 같은 과일 다이어트가 가장 좋은 방법이다.

흔히들 '건강에 안 좋지 않냐'고 하는데 빈혈로 쓰러진다거나 현기증이 난다거나 그런 일은 전혀 없다. 무대에서 큰 소리를 내거나 뛰어도 아무렇지도 않다.

단 공연 마지막 날이 되면 더이상 참을 수 없다. 막이 내리자마자 식당으로 뛰어들어 함박스테이크와 일본식 단팥죽을 주문해서 단숨에 먹어 치운다.

단팥죽은 매일 밤 꿈에 나올 정도로 생각나는 음식이

다. 거의 흡입하는 기세로 먹어 무슨 맛인지 알 수 없을 정도다.

의사로서는 이런 다이어트를 추천하지 않지만, 자신의 몸이기 때문에 할 수 있다.

사람은 안 먹으면 무조건 살이 빠진다. 하지만 나와 같은 극단적인 식이 제한은 바람직하지 않다. **건강에 좋지 않고 일단 살이 빠져도 금방 원래대로 돌아온다.**

그러니 나와 같은 무모한 다이어트는 절대 따라 하지 말기를 바란다.

 99세인 지금도 다이어트를 한다

PART 7

전쟁만은
저세상에서도
반대한다

절대 잊을 수 없는 전쟁의 추억

　지금 전 세계에서 분쟁이 빈번하게 일어나고 있다. 설마 러시아가 우크라이나를 침공하고 이슬람 조직 하마스와 이스라엘의 공격이 오갈 것이라고는 생각지도 못했다. 그에 따라 일본에서도 군비 확장이 당연하다는 듯이 요구되고 있다.

　일본이 제2차 세계대전에서 패한 지 약 80년이 되었다. 실제 전쟁을 아는 사람은 극소수에 불과하다. 나처럼 오래 산 사람 정도일 것이다.

전쟁을 직접 겪은 나로서는 전쟁은 절대 반대다. 사람을 죽이는 것은 살인죄로 여겨지지만, 전쟁에서는 사람을 죽이는 것이 합법이다. **사람을 많이 죽여야 잘했다고 인식되는 것은 정말 말도 안 되는 일이다.**

내가 여학교 2~3학년쯤 전쟁이 터졌다. 하지만 전쟁터가 된 것은 중국 대륙과 남쪽 국가들이었기 때문에 처음에는 실감이 나지 않았다. 그러다가 차츰 먹을 음식이 줄고 배급제가 시행되었다. 배급이어도 넉넉하게 나눠주는 것은 아니었다. 전쟁이 격화되자 마지막에는 고구마 잎만 받았다. 고구마는 알코올의 재료가 되는 귀중품이기 때문이었다.

우리 부모님은 농가 출신이었기 때문에 정원에 호박을 심어 먹기도 했다. 결국 배급만으로는 먹고 살 수 없게 된 것이다.

전쟁이 끝나갈 무렵 일본 본토에 대한 공습이 늘어나 안전한 곳으로 피난을 가기 시작했다. 중학교를 졸업하고 도쿄여자의과대학에서 의학을 공부했지만, 학생들은 모두 야마나시현으로 피난을 갔다. 하지만 대피 장소도 먹을거리가 충분하진 않았다. 너무 배가 고파서 어느 집 마당에 있는 석류를 따 먹기도 했다. 지금 생각해보면 도둑이지만 당시에는 그렇게 교과서적인 말을 할 상황이 아니었다.

피난을 가 있는 동안에는 의대생으로서 해야 할 일이 있었다. 그 무렵 야마나시현에 주혈흡충(住血吸蟲)이라는 기생충에 의한 감염병이 유행하고 있었기 때문에 우리 예과(본과에 진학하기 전 교육과정) 학생들이 아이들의 대변을 보고 감염 여부를 검사했다.

이 기생충이 몸에 들어가면 복통을 일으키고 심각해지면 간경변을 일으켜 사망할 수도 있다. 박멸하는데 오랜 시간이 걸렸고 1996년이 되어서야 야마나시현은 종식을 선언할 수 있었다.

그런데 전쟁 중 유명한 음식을 꼽으라고 하면 단연 수제비다. 수제비에 고구마 잎을 넣고 끓여 먹었다. 맛있냐고 묻는다면 맛이 없다고 할 것이다. 하지만 당시에는 배 속에 집어넣을 수 있는 것은 무엇이든 먹었다.

그런 시대를 경험한 사람으로서 이 시대는 정말 행복하다고 생각한다.

적어도 먹을 것에 대해 걱정할 필요는 없으니 말이다.

이 상태가 영원히 지속되기를 바라지만 세상은 점점 화약 냄새를 풍기는 방향으로 향하고 있다. 전쟁이 하루속히 끝나기를 간절히 바란다.

전쟁에 대해 계속 이야기하고 싶다

전쟁 중에 목격한 끔찍한 현실

1945년 3월 10일 미군 비행기가 도쿄 도심을 중심으로 폭격을 가했다. 이른바 도쿄 대공습이다.

일본이 좀처럼 항복하지 않아서 골치를 썩였던 미군이 일본 시민들을 대상으로 무차별 폭격을 감행했다고 알려져 있다. 도쿄 시내가 목표가 된 것은 강에 둘러싸여 도망갈 수 없는 데다 나무와 종이로 지어진 집이어서 불에 타기 쉽다고 판단했기 때문일 것이다.

나는 지대가 좀 높은 지역에서 살았기 때문에 직접적

인 피해는 없었지만, 그날 밤 시내 쪽을 보니 하늘이 새빨갛게 타오르고 있었다. 소이탄(燒夷彈)을 시내에 떨어뜨린 것이다.

당시에는 콘크리트 건물이 거의 없었고 대부분 나무와 종이로 만들어졌다. 불은 순식간에 번졌다.

참혹한 광경이었다. 당시 내 친구가 아사쿠사의 다와라마치에 살고 있어서 걱정이 이만저만이 아니었다. 다음 날 아침, 혼자 아사쿠사로 갔다.

지하철이 운행되고 있어서 타려고 하니 머리카락과 얼굴이 그을음투성이에 옷도 그을리고 탄 자욱이 있는 사람들이 열차에서 내렸다. 시내에서 도망쳐 온 사람들이었다.

'이러면 친구 집도 이미 어떻게 되었을지도 몰라.'

그렇게 생각하면서 아사쿠사로 달려갔다. 지하철에서 내리자 사방이 다 타버린 광경이 눈에 들어왔다. 모든 것이 불타고 있었다. 친구의 집도 온데간데없이 사라졌다.

친구를 찾아 헤매고 있는데, 마네킹이 몇 개 나뒹굴고

있었다. '이 근처에 마네킹 공장이 있었나?'하고 태평한 생각을 하고 있는데, 그것은 불의 열기로 쪄 죽은 시체였다. 시신들이 길을 막고 있어서 그것들을 타고 넘으면서 걸어야 할 정도였다.

옷도 머리카락과 눈썹도 전부 불에 타서 열기에 쪄진 상태가 되어서 그런지 피부색도 불그스름하게 변색되어 있었다. 모두 지장보살처럼 반들반들한 얼굴이었다. 무섭다기보다는 '전쟁이란 이런 것이구나'라고 전쟁의 참상이 뼈저리게 와닿았다. 도저히 실제 세상 같지 않았다.

"어디 피신해 있는 거 아닐까?"

친구의 모습을 찾아 시내를 떨면서 걸었다. 눈물이 하염없이 흘러내렸다. '전쟁이라는 건 참혹한 거구나'라고 생각하면서 걸었다.

다행히 친구는 무사했지만, 불바다에서 도망치는 것이 힘들었다고 한다. 스미다가와강은 시체로 매워졌다고 했다. 스미다가와강의 다리를 건너 탈출하려던 사람들의 집에 불이 붙어 도망치지 못했다고 한다.

도쿄 대공습으로 약 10만 명이 사망했다고 한다. 전쟁을 시작하는 것은 정치인과 군인이지만 희생되는 것은 일반 시민들이다. 우크라이나 전쟁이나 가자 지구의 팔레스타인인 사람들의 모습을 TV로 보고 있으면 도쿄 시내에서 본 광경이 생각난다.

군비 확장보다는 한시라도 빨리 전쟁을 끝내기 위한 대화를 시작했으면 좋겠다.

 전쟁의 희생자는 일반 시민이다

전쟁 중에는 매일 '폭탄이 떨어지지 않기를' 기도했다

1945년 8월 15일, 일본 천황의 목소리가 라디오에서 흘러나왔다. 무슨 뜻인지 잘 몰랐지만, 아버지가 "전쟁이 끝났구나"하고 중얼거렸던 기억이 난다.

"이제 집이 불에 타고 그러지 않는 거야?"

그렇게 묻자 어머니가 "이제 살았네"라며 나와 여동생을 꼭 껴안았다. 그리고 등화관제로 온 집안의 전등에 씌웠던 검은 천을 떼기 시작했다. 창문에 있는 검은 천도 전부 떼어냈다.

요즘 사람들에게 등화관제가 무슨 말인지 모를 것이다. 전시 중에는 적의 공습 목표가 되지 않도록 전등을 검은 천으로 덮는 규정이 있었다. 빛이 밖으로 새지 않도록 한 것이다.

검은 천을 걷어내니 집안이 갑자기 환해지고 전쟁이 정말 끝났음을 실감했다. 동시에 마당에 파놓은 방공호에서 '여기에 소이탄을 떨어뜨리지 마세요'라고 기도할 필요가 없어져 안심했다.

그때 우리 집에는 고양이 한 마리를 키웠다. 쿠리라는 이름이었다. 새하얀 고양이지만 전쟁 중에는 검은 옷을 입혔다. 몸이 흰색이면 미군의 전투기에 발견되어 기관총으로 사살된다는 이유로 흰 개나 고양이는 키우면 안 된다고 알려져 있었다.

인간도 먹을 게 없는데 전쟁 중에 동물을 키우는 것은 사치스러운 일이었다. 지금처럼 반려동물이라는 개념이 없었으니 가족처럼 대하는 주인은 소수였다. 하물며 흰 고양이를 키우는 것은 '비(非)국민'적 행위로 생각되었다.

제2차 세계대진이 끝난 날 함께 살던 할머니가 "맛있는 것을 먹여주마"하고 벽장에서 옷을 수납하는 상자를 꺼냈던 일이 기억난다. 옷 밑에는 양철 상자가 있었고, 안에는 백설탕이 들어 있었다. 백설탕은 전쟁 중에는 거의 구경도 못할 만큼 귀중한 것이었다.

단것에 주려 있던 나와 여동생은 눈을 반짝였다. 그리고 할머니가 만들어 준 설탕물을 꿀꺽 삼켰다. 이렇게 맛있을 수가! **오장육부에 스며든다는 말이 바로 이거구나 생각했다.**

그날 저녁 식사는 여전히 고구마 잎을 넣은 수제비였지만 밝은 전등 아래에서 먹는 식사는 남달랐다.

전쟁 중에는 누구나 한계를 넘어서 참는다

연극으로 원자폭탄의 참혹함을 표현하다

코로나가 잠잠해지면 처음으로 상연하려고 생각했던 것이 《핵, 원자폭탄이라니?》라는 공연이었다. 제목처럼 원자폭탄을 다룬 시극(詩劇)이다.

그 생각을 이루어졌다. 2023년 2월, 오쿠보역 근처에 있는 무지개 기획 미니미니시어터에서 공연을 했다. 대본을 쓰는 데, 1개월 정도 걸렸다.

연극은 노벨물리학상을 수상한 유카와 히데키가 1948년에 출판한 《원자와 인간》 표제작의 시문을 읽는

것으로 시작된다. 인류가 태어나기 전부터 원자가 존재
했고, 이후 과학의 발진으로 원자폭탄이 탄생했다는 내
용이다.

과학의 발전은 인류를 행복으로 이끌었지만, 악마의
기술을 만들기도 했다. 순수한 탐구심에서 시작한 연구
가 인류를 파괴할 수 있는 원자폭탄을 만들어냈다.

유카와 박사는 1955년 물리학자 아인슈타인 등과 함
께 러셀-아인슈타인 성명을 발표했다. 핵무기 폐기와 전
세계에서 일어나고 있는 분쟁을 평화적으로 해결하도록
촉구하는 내용이다.

무대 위에서는 도게 산키치와 미요시 다츠지 등 히로
시마 원폭 피해서 살아남은 이들이 쓴 시(詩)와 그 당시
생존자들의 글을 읽으면서 피폭자 한 사람 한 사람의 생
각을 연극으로 표현했다.

이 연극에 스토리는 없지만, 배우들의 마음속 깊은 분
노와 슬픔을 표현한 시극이 관객들의 마음을 파고들었다
고 생각한다.

이 연극을 생각해 낸 것은 코로나가 시작된 2020년 초였다. 당시 전 세계에 신종코로나바이러스가 창궐했고 온 지구가 어둠으로 뒤덮였다.

지금도 근절되지는 않았다.

이때 불길한 예감이 들었다. 더 안 좋은 일이 생기지 않을까? 그것은 러시아의 우크라이나 침공이라는 최악의 형태로 나타났다. 푸틴 러시아 대통령은 원자폭탄을 투하할 수도 있다며 위협하고 그 파괴력과 참혹함에 대해서는 아무 말도 하지 않는다.

구소련에서는 1986년 체르노빌 원전 사고로 많은 시민이 피폭되었고 그 영향이 지금도 계속되고 있다. 그런데도 원폭 투하를 암시하는 푸틴 대통령에게는 실망과 절망을 느낄 따름이다.

이 상황을 연극으로 만들고 싶었다. 대본을 쓰고 연출을 하며 공연 날을 맞이했다. 이 연극에는 나도 무대 여배우로 참여했다. 종합연극잡지 〈테아트로〉는 '산조 미와의 압도적인 존재감과 위엄 있는 발성이 객석을 집어삼킬 정도로 풍부한 분위기를 만들었다'고 평했는데, 기쁘면서도 이 나이에 칭찬을 받는 것이 쑥스럽기도 했다.

나는 전쟁을 경험한 사람이기 때문에 전쟁의 비참함을 생생하게 알고 있다. 전쟁으로 죽은 사람들의 원념(怨念)이 내 몸에서 발현되었는지도 모른다.

공연은 단 3일이었지만 관객들의 반응은 매우 좋았다. 어떤 분은 '원자폭탄의 무서움을 다시 한번 깨달았다'는 감상을 전해주었고 펑펑 울었던 분도 있었다.

우리 같은 소규모 극단도 전쟁에 대한 반대 의사를 표현하고 싶다. 그렇게 생각

2023년 2월 17~19일에 각본과 연출을 담당한 무대에 배우로도 출연했다.

하고 공연을 한 것이다. 세 번째 원폭이 투하되어서는 안 된다는 마음을 표현하고 싶다는 일념으로 상연한 연극이었다.

99세의 나이에도 정말 전쟁에 반대한다고 외친다

전쟁은 인간을 미치게 한다

내가 지금까지 여러 번 공연한 연극이 있다. 《731의 환상》이라는 연극인데 생화학 무기 개발과 치료에 관한 연구를 빌미로 인체실험을 한 일본군의 '731부대'를 소재로 한 작품이다.

전쟁 포로와 간첩 용의자로 잡힌 조선인과 중국인, 몽골인, 미국인, 러시아인을 대상으로 인체실험을 했다고 한다. 한 일본군의 증언에 따르면 그 수는 3,000명 이상이었다고 한다.

나는 731부대에서 인체실험을 하던 사람을 주인공으로 내세웠다. 그는 아직 이성(理性)이 남아 있어서 '우리는 끔찍한 일을 하고 있다'고 생각하며 고뇌하는 과학자로 묘사했다.

군인들이 인체실험을 당하는 사람들을 인간이 아니라고 생각하게끔 그들을 '마루타(통나무라는 뜻 - 옮긴이)'라고 불렀다. 그중에는 일반 시민과 여자, 어린이도 있었다고 한다.

731부대 소속 과학자들은 더글러스 맥아더 연합군 사령관을 통해 진실을 말한다면 전범으로 기소하지 않겠다는 교환 조건에 따라 무협의 처분을 받았다.

전쟁은 인간을 미치게 한다. 분명히 한 집안의 좋은 남편이자 좋은 아버지였던 사람들이 전쟁 때문에 피도 눈물도 없는 살인마로 돌변한다. 사람을 아무리 많이 죽여도 칭찬을 받으면 받았지 비난받지 않는다.

제2차 세계대전 종전 이후 일본은 헌법 9조에 따라 직접적인 전쟁을 벌이지 않았다.

매우 운이 좋은 일이었지만, '평화 치매'라는 말이 생길 만큼 일본인들은 전쟁의 비참함을 잊고 있다. 그들 중 대부분은 전쟁 후에 태어났기 때문에 어쩔 수 없는 일인지도 모른다.

하지만 전쟁이 일어나면 반드시 많은 사람이 죽는다. 어린아이도 피해갈 수 없다. 살아남은 가족들도 지옥 같은 고통을 겪어야 한다.

내가 살아 있는 한 전쟁의 비참함을 연극에서 전하고 싶다.

 마지막까지 자신의 사명을 완수한다

혼자 살면서 99세
한번 맛보면 빠져나올 수 없는 생활 방식

2024년 12월 11일 1판1쇄 발행

지은이 산조 미와
옮긴이 오시연

발행인 최봉규
발행처 지상사(청홍)
출판등록 2002년 8월 23일 제2017-000075호

주소 서울 용산구 효창원로64길 6(효창동) 일진빌딩 2층
우편번호 04317
전화번호 02)3453-6111 팩시밀리 02)3452-1440
홈페이지 www.jisangsa.com
이메일 c0583@naver.com

한국어판 출판권 ⓒ 지상사(청홍), 2024
ISBN 978-89-6502-013-4   03180